U0652744

跨文化理论阐释
及其教学应用研究

闫 娜 著

吉林大学出版社

图书在版编目（CIP）数据

跨文化理论阐释及其教学应用研究 / 闫娜著 . -- 长春 : 吉林大学出版社 , 2019.6

ISBN 978-7-5692-5064-0

Ⅰ . ①跨… Ⅱ . ①闫… Ⅲ . ①英语—教学研究 Ⅳ . ① H319.3

中国版本图书馆 CIP 数据核字（2019）第 135354 号

书　　名　跨文化理论阐释及其教学应用研究
　　　　　 KUAWENHUA LILUN CHANSHI JIQI JIAOXUE YINGYONG YANJIU

作　　者　闫　娜　著
策划编辑　孟亚黎
责任编辑　赵雪君
责任校对　王　洋
装帧设计　崔　蕾
出版发行　吉林大学出版社
社　　址　长春市人民大街 4059 号
邮政编码　130021
发行电话　0431-89580028/29/21
网　　址　http://www.jlup.com.cn
电子邮箱　jdcbs@jlu.edu.cn
印　　刷　三河市铭浩彩色印装有限公司
开　　本　787mm×1092mm　1/16
印　　张　16.5
字　　数　214 千字
版　　次　2019 年 9 月　第 1 版
印　　次　2019 年 9 月　第 1 次
书　　号　ISBN 978-7-5692-5064-0
定　　价　80.00 元

版权所有　翻印必究

前　言

　　当前时代的突出特征是国际化、现代化、信息化,在这一时代背景下,人类社会正在发生着深刻的变化。而在这些变化中,一个令人无法回避的现象就是跨文化交际。随着中国经济实力的不断增强,我国与其他国家的沟通与交流也越来越频繁。受此影响,跨文化研究与跨文化知识的普及就显得十分迫切。这些知识不仅是研究者、教师所应该了解的,而且对于普通人而言也成了不可或缺的常识。自然而然,文化以及跨文化教学就成为教育学界关注的重点内容之一。

　　从跨文化层面来看,我国英语教学的目标从培养学生的语言能力扩展到交际能力,进而强调跨文化交际能力,这明显突出了英语教学中文化教学的重要性。其实,在英语教学中加强文化教学,重要的是关注不同语言所负载的文化在深层结构即价值观和思维方式上的差异,而不只是介绍交往礼仪、风土人情、时政要闻等。需要让学生对目的语文化有整体性的认识和了解,英语教学中需要加强对目的语经典历史文献的阅读。如此不仅有助于提高学生的语言修养,而且有利于提高学生的跨文化交际能力。为此,作者在参阅大量相关著作文献的基础上,精心撰写了《跨文化理论阐释及其教学应用研究》一书,旨在为国内跨文化研究与跨文化教学理论的深入发展略尽绵力。

　　本书共有十章。第一章和第二章首先对文化、跨文化理论进行综述,其中第一章分析了文化的定义、分类、特征、功能,以及文化与语言的关系;第二章探讨了交际、跨文化交际、跨文化交际的影响因素。以上两章主要是对一些基础概念、关系的介绍,从而为下述章节的展开做好铺垫。第三章基于跨文化理论的英语教学综述为过渡章,重点分析了英语教学中的文化差异、文化差异对英语教学的影响,以及基于跨文化理论的英语教学的本质与任务。通过阅读第三章,读者可以在大脑中建构起文化与英语教学之间存在的千丝万缕的关系。接下来的第四章至第八章为本书的主体内容,主要研究了基于跨文化理论的英语语言知识教学、语言技能教学、情感教学、课外教学,以及英语教学的测试与评价。其中,语言知识教学即人们熟知的词汇与语法教学;语言技能教学即听力、口语、阅读、写作、翻译教学。通过阅读这几个章节,读者可以对跨文化教学有一个全方位的了解,从而大大拓宽对英语教学的认知视野。众所周知,教师是英语教学体系中不可或缺的构成因素,因而在跨文化教学中教师的作用同样是不容忽视的,故第九章分析了基于跨文化理论的英语教师角色定位与素质提升。第十章为本书的最后一章,主要对基于跨文化理论的英语教学改革与发展进行了详述。

世界的现代化进程推动着跨文化交际,而网络使得不同文化的交流、碰撞和融合遍及世界的每一个角落。学生在学习英语的过程中往往成为较早接触多元文化的人,在某种意义上可以认为,学生是本国国土上的"文化移民"。要培养学生的跨文化交际能力,他们不仅要学会用英语去理解、表述西方文化,而且还需要用英语表述自己的母语文化,从而成为真正的"跨文化人"。整体而言,本书具有如下几个鲜明特点。

第一,亮点突出。本书的亮点主要体现在第三章与第十章。首先,第三章对基于跨文化理论的英语教学的本质与任务进行了详细阐述,可以说是对当前跨文化教学理论研究的进一步挖掘与深化,更新了人们对这方面知识的认知;其次,第十章对基于跨文化理论的英语教学改革与发展展开研究,对未来英语教学的发展趋势进行了有理有据的预测,有助于人们准确把握英语教学在未来一定时期内的发展方向。

第二,知识性。本书对文化、交际、跨文化理论等概念的讲解,可以帮助读者全面习得跨文化方面的内容,具有较强的知识性。

第三,完整性。本书以跨文化理论为主线,通过概念讲解、理论指导、理论应用这几个步骤建构起内容框架,详细研究了跨文化理论对英语教学所具有的指导作用,结构布局合理,体现了完整性。

第四,实用性。本书在阐释跨文化理论应用于英语教学的一系列过程中,着重强调教学方法的新颖性,所列举的多种教学方法都或多或少体现了对学生跨文化能力方面的培养。

本书从跨文化视角来审视英语教学,对跨文化理论进行阐释并将这些理论应用于英语教学过程中,进一步拓展了英语教学研究的领域,在一定程度上丰富了外语教育的理论内容。

在本书的撰写过程中,作者不仅参阅、引用了很多国内外相关文献资料,而且得到了同事亲朋的鼎力相助,在此一并表示衷心的感谢。由于作者水平有限,书中疏漏之处在所难免,恳请同行专家以及广大读者批评指正。

作　者

2018 年 7 月

目　录

第一章　文化综述

文化是人类独有的现象,也是人类区别于动物的根本标志。语言与文化具有密切的关系,一方面,文化是语言发展的源动力,另一方面,语言又反过来影响着文化。本章首先探讨关于文化的基本知识,并在此基础上讨论文化和语言的具体关系。

第一节　文化的定义与分类

一、文化的定义

(一)国外学者对文化的界定

Culture 是文化的英文对应词,其源自拉丁文 cultus,本意为"开化、开发"。大约从中世纪开始,其逐渐被扩展到精神层面使用。关于 culture 的具体定义,西方很多学者都提出了自己的看法。

人类学家泰勒(Edward Tylor)认为:"文化作为一个复合的整体,其主要包含知识、信仰、艺术、道德、法律、风俗,以及人类在社会里所获得的一切能力与习惯。"[①]这一定义着眼于文化的精神性和整合性,是广为接受的关于文化的定义。

萨姆纳(W. G. Sumner)和凯勒(A. G. Keller)认为,所谓文化是调整和解决问题的方式和手段。这一定义是从心理学的角

---

① 吴为善,严慧仙.跨文化交际概论[M].北京:商务印书馆,2009:2.

· 1 ·

度出发进行界定的,与文化人类学家的观点十分类似。

戴维斯(A. Davis)从符号学的视角出发,对文化进行了界定。根据戴维斯的观点,文化涉及所有的思维模式及其相应的行为方式,而且这些思维模式主要是通过符号传递的方式进行的。

威斯勒(C. Wissler)认为,文化就是某个社会或部落所遵循的生活方式,其主要包含那些标准化的社会传统行为。

萨丕尔(Sapir)从文化的传统属性和社会遗传这两大层面出发,对文化提出了自己的看法。也就是说,文化被视为人类生活中通过某种方式遗传下来的东西。可以看出,这一定义指出了人类所具有的遗传性特征。

伊恩·罗伯逊(Ian Robertson)对文化的分析主要是从社会学的角度进行的。罗伯逊认为文化覆盖的层面相当广泛,既有物质的,也有非物质的。具体来说,物质的东西如衣服、学校、书本等,它们由人类创造,并被人类赋予其具体意义。非物质的东西如语言、思想、信仰等,它们是被抽象化的物体。

(二)国内学者对文化的界定

在我国,"文化"一词古已有之,只不过最初"文"与"化"是分开使用的。一直到西汉,"文"与"化"才开始合并成一个词。此时,文化的含义主要是指"人文、人伦"等。随着社会的不断发展,如今,"文化"已成为一个具有丰富内涵的概念,其外延也特别广泛。

对于文化的具体含义,我国很多学者也给出了自己的观点。

肖峰认为,文化本身其实就是被视为一种信息存在着的。从本质上进行分析,文化的形成其实就是人工信息的沉淀。文化的内核其实就是特定信息的凝聚。同理,从实质来看,文化灭绝其实就是相关信息的消失。文化的影响就是信息的扩散,文化的传播就是信息的交流。

根据我国学者王威孚和朱磊的理解,文化属于一种社会历史现象,每个社会都有与其相适应的文化,且文化随着社会的发展而发展。同时,文化作为意识形态存在,既反映社会的政治和经济状况,又对政治和经济具有很大的影响和作用。

金惠康认为,所谓文化可以被理解为一种复合体,这个复合体中包含生产方式、生活方式、社会准则、价值观念等构成要素。

梁漱溟先生认为,所谓文化不过是一个民族生活的种种方面。概括而言,他认为文化主要包括三大方面的内容:物质生活方面(饮食、起居等)、精神生活方面(哲学、艺术、科学等)和社会生活方面(政治制度、社会组织、经济关系等)。

通过对以上中外学者的众多定义进行分析,可以看出,虽然对于文化的界定见仁见智,但中外学者都认为文化是一个包容性很广的概念。

二、文化的分类

(一)知识文化与交际文化

根据文化内涵的特点,可将文化分为知识文化和交际文化。

知识文化主要通过物质表现形式呈现出来,如文物古迹等。交际文化则主要通过非物质表现形式呈现。

在跨文化交际中,知识文化不直接产生影响,交际文化则直接发生影响。可见,在知识文化和交际文化二者间,后者更需要引起我们的密切关注。这里需要重点指出,在交际文化中,又分为外显交际文化和内隐交际文化,相比之下,内隐交际文化更值得人们去研究。具体来说,内隐交际文化是指那些隐含的、不易被察觉的文化因素,如人们的世界观、思维方式等。而这种内隐交际文化对于了解人们的价值取向、情感特征等具有重要作用。图1-1是文化的具体组成模式。

| 表层知识文化：文学、艺术（美术、雕塑）、音乐、影视、建筑、文物等 |
| 底层知识文化：哲学、经济、科学、历史、法律、教育、语言学等 |
| 外显交际文化：生活方式、行为准则、社会习俗、道德规范 |
| 内隐交际文化：价值观、情感与态度取向 |
| 内隐交际文化：世界观、信仰 |
| 内隐交际文化：思维模式 |

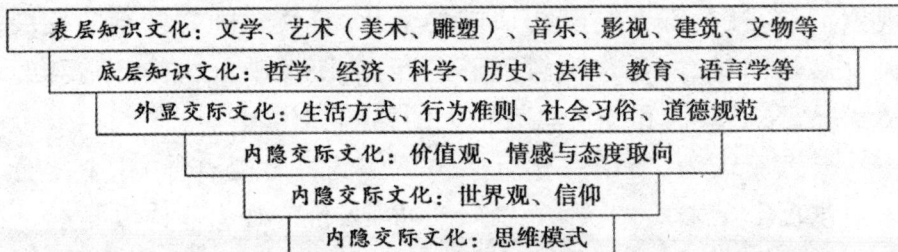

图 1-1　文化组成模式

（资料来源：闫文培，2007）

（二）物质文化、制度文化与精神文化

按照文化的表现形式来划分文化，可以将其分为物质文化、制度文化和精神文化。

物质文化是文化的基础部分，是指一种文化中的技术及其物质产品，如生产和交通工具、服饰、建筑、饮食等。

制度文化是文化的结构部分，如规章制度、法规等，它是人类用于调节内部关系，以便更有效地协调行为去应对客观世界的组织手段。

精神文化又称为"观念文化"，包含艺术、哲学、道德、文学、习俗等。精神文化是人类认识主客观关系并进行自我完善和价值实现的知识手段。

（三）主文化与亚文化

根据共性与个性的差异，我们还可以将文化分为主文化与亚文化。

主文化是指在一个社会中处于支配地位的文化，也称为"主流文化"。对一个社会来说，在不同的历史时期，其主文化会随时代的变迁而有所不同。

亚文化是在一个社会中处于次要地位的文化。以中国为例，中国是一个多民族国家，其中占人口比例大多数的汉族文化就是主流文化，其他少数民族的特色文化则是亚文化。

第二节　文化的特征与功能

一、文化的特征

（一）民族性

文化是特定人群长期共同生活和交往的产物,具有明显的民族性特征。由于民族区域生态环境各不相同,因此文化积累及其传播方式会有一定程度的差异,民族文化鲜明的"特异性"也就此形成。可以说,文化是以种族或民族为中心的,文化首先是民族的,其次才是人类的。

（二）地域性

文化既有鲜明的民族性特征,也有明显的地域性特征。可以说,文化自其诞生之日起就烙上了鲜明的地域印记,这是因为人类的诞生就是分地域的,而文化又是随着人类的诞生而出现的。虽然如今多元文化发展的趋势越来越明显,但是仍然存在相对的地域界限,也就决定了存在不同的地域文化,如中国文化、西方文化等。

（三）发展性

文化的稳定性是相对的,而可变性却是绝对的。经济全球化带来了各民族文化之间的碰撞与融合,不同文化之间在相互碰撞、融合中得到了新的发展契机。文化碰撞的主观原因源于文化霸权主义,西方发达国家向全世界灌输其文化以满足全球战略的需要,带来了各民族、国家之间的文化矛盾。并且,各民族文化之间普遍存在着相互融合的现象。

1. 文化的碰撞

改革开放以来,我国文化内部发生了包含保守与激进、中国化与西化,以及传统与现代在内的多个向度的碰撞,这引发了理论界对文化的热烈讨论。以"西体中用"论、"彻底重建"论为代表的文化激进主义在这场讨论中占据主导地位。在我国由社会主义计划经济体制向市场经济体制转型的时期,各种文化内涵之间尤其是中西文化内涵之间发生了巨大的碰撞。针对这一碰撞,有人支持民族文化的独立,强调弘扬中华文明;另一些人主张学习西方文明,强调西方文化中许多先进的要素是人类的共性。在这种情形下,我们必须坚持马克思主义的指导地位和社会主义的文化价值观念不动摇,借鉴西方工业文明精神传统中的积极因素来建立和完善社会主义市场经济体制,认识后现代文化对西方发达工业文明的影响。

(1)和中国传统文化中消极因素的碰撞。中国传统文化中确实存在一些消极因素,中国特色社会主义文化就是在和其进行碰撞的过程中得到繁荣发展。这些消极因素具体如下。

第一,宗法制度。中国传统文化中的等级观念、独裁制度,造成了个人专制集权,扼杀了人的个性和创造性,有悖于人人平等的现代民主制度。

第二,保守心态。中国传统文化信奉"天不变,道亦不变"的宇宙观,这是一种反进步性的普遍心态,它导致了国民盲目排外的心理。中国传统文化对修身养性的过分注重和对物质利益的忽视,影响了社会生产力的发展。

第三,非理性主义态度。中国传统哲学重感悟、经验,缺乏严密的逻辑体系。

(2)和西方文化的碰撞。在经济全球化的进程中,中西文化的碰撞一直存在。改革开放后,西方资产阶级自由化思想从知识分子阶层蔓延到更广泛的阶层,使我国的马克思主义意识形态受到挑战。发达资本主义国家利用发达的信息媒体向世界推销自己的价值观,造成思想领域的混乱。

经济全球化不仅给中国引进了文化精华,也带来了文化糟粕。西方腐朽文化不利于中国传统道德文化的传承。与中国传统文化格格不入的个人主义、拜金主义、享乐主义等西方消极思想,对中国的民族精神产生了恶劣的侵蚀。

西方国家推行文化霸权主义,造成了部分中国人对本民族文化的认同危机。同时,外国文化产品大量涌入,严重冲击了我国文化产业,直接威胁到我国文化安全。

2. 文化的融合

文化融合是指两种或多种基本稳定的文化模式经过持续接触,各自采纳对方的文化特质以修正自身的文化,互相融入,使不同的文化要素重新建构成一个符合需要的文化整体。中国传统文化历史悠久、内涵丰富,其中的合理内核是人类共同的精神财富。中华传统文化中的辩证观点、和谐精神、伦理道德等,有利于解决人类社会面临的共同问题。吸收西方文化中的有益成分,有助于解放思想,从而推进中国特色社会主义文化的发展。文化融合的基本趋势是"古为今用"和"洋为中用"。中国特色社会主义文化创新,需要正确处理好"古今""中西"的关系。

（1）古为今用。首先,中华民族历来重视"和","和"文化是中国传统文化的内在精神。儒家提出"天时不如地利,地利不如人和""礼之用,和为贵";道家主张"知和日常";墨家提倡"非攻""兼爱"。到了现在,"和"是社会主义文化创新的重要元素,是构建社会主义和谐社会的理论基础。其次,源远流长的爱国主义精神是中华优秀传统文化的主要内容,是中华民族的立国之本。在新的历史条件下,爱国主义是中国特色社会主义文化创新的基础。以民为本是中华文化的基本精神之一。孔子强调"仁学""爱人",孟子提出"民为贵,社稷次之,君为轻"的理念,荀子指出民众是国家之本。科学发展观中的以人为本思想就是对民本思想的升华。"古今中外法"强调应批判地继承中国古代文化,抛弃封建糟粕、吸收民主精华是文化创新的必要条件。文化的创新需要文化的继承和批判,需要以前人的文化遗产为前提。中国传统文化既有精华也有糟粕,应辩证地对待。在对待传统文化问题上,必须反对两种倾向:一是国粹主义,即对传统文化盲目崇拜,食古不化;二是民族虚无主义,即对传统文化全盘否定。只有根据社会主义文化创新的需要,对传统文化进行合理的创造性整合,才能实现"古为今用"。

（2）洋为中用。每一种有生命力的民族文化,都需要吸收其他民族文化的营养以发展自身。文化的多样性和交融性是文化发展的动力。中国必须借鉴西方文化中先进的东西,以进一步增强我国文化的凝聚力,提升我国文化的整体实力。吸收国外一切优秀文明是实现文化创新的大趋势。各民族的精神产品成了公共财产,民族片面性日益成为不可能。要"洋为中用",结合中国国情来吸收外来文化。故步自封是愚蠢的行为,应该向资本主义发达国家学习一切对我们有益的文化,并对其进行分析、鉴别。

（四）包容性

文化是一个由多种相互作用的要素构成的复杂整体。其中,道德观念、政治观念是文化的基本内核,一种文化有一种或几种内核。中华传统文化有着几千年的历史,其内容非常丰富。

1. 道德观念

中华民族以注重伦理道德为特色,主张努力提升道德境界,以道德境界来衡量价值观,反对沉溺于对物质的追求。儒家甚至还认为道德是人与兽的分界线。也可以说,中国传统文化将道德上的荣耻视作最高标杆。伦理道德主要表现在家庭伦理和社会伦理两个层面。在家庭伦理方面,父母要慈、兄姊要友,子女对父母、弟妹对兄姊要尊敬。在夫妻关系上,主张男女承担不同的家庭义务,妻子跟随丈夫的步伐。家庭伦理始终以仁爱为主线,它有利于化解家庭成员之间的冲突,从而保持家庭和睦。社会伦理表现为个人应该如何处理与他人、社会共同体之间的关系,可以归纳为仁、义、礼、信四方面。"仁"指同情心,人们应该乐于助人,这是最重要的道德规范。"义"是指行为合宜,主要强调如何调节个人与他人、社会的利益关系。"礼"主要指合乎礼仪。"信"应包括"诚"与"信"两方面,即宽以待人、遵守承诺。

2.政治观念

中华优秀文化传统不乏对社会政治理想的见解。

(1)政治批判精神。儒家知识分子将夏商周三代政治制度理想化,并据此判断现实的政治形势,甚至导致颂扬"汤武革命"的某种革命精神。儒家的政治批判精神还要求知识分子提高自己的思想境界和道德境界,培养自己高尚的情操和审美趣味。

(2)治国方针。儒家崇尚"德治""仁政";道家倡导"无为而治",要顺应自然天道和社会人道,因势利导;墨家推崇"相爱相利",通过给天下人以利,来实现"兼爱天下"的目标。

在用人方面,墨家"尚贤",强调重用贤德之人才能让政治变得更加理想,这就要求国家政权应该向"农与工肆之人"开放。儒家"内圣外王"的观念强调,只有德与才都高于正常水平的人才能治理国家。科举考试选官制度使得普通老百姓有机会进入上流阶层,这激发了普通老百姓的奋斗精神和创造力的发挥,不断为上层社会注入新鲜的血液,并且避免了任人唯亲的选官现象,但是其选官渠道比较单一、死板,过于放大一张试卷在考查个人素质方面的功能。

3.社会习俗

中华文化传统中存在着多种形式的民间习俗文化,主要表现为节日文化、居住文化等。

(1)节日文化。节日是指一年中被赋予特殊意义的日子,展现了民族的政治、经济、文化、宗教等特色。节日具有群众性、周期性的特点。它区隔出一个生活周期中的各个阶段,集中展现了各个阶段的含义。节日是一个国家文化积淀的产物,象征着一个民族的身份。人们通过周而复始的节日,不断传承文化传统。所以,节日蕴含着丰富的文化内涵。

节日是民众感染文化的窗口。这里不得不提到一个文化领域的术语,即"文化濡化",它由文化人类学家赫斯科维茨(M. J. Herskovits)首次提出,其概念的核心是人与人的文化习得和传承机制。[①]所以,也可以说,节日是对民众进行文化濡化的重要方式。未成年人通常是文化濡化的重要对象,他们被成年人带到年复一年的节日氛围之中,接受持续性的伦理及风俗习惯的熏陶,并努力遵守该文化所涉及的一系列行为规范,从而逐渐成为从属于该文化的人。

节日体现着民族文化的灵魂。节日既对文化要素之间的关系进行一种民俗式的理解,又对历史的抽象化进行折射。它通过仪式化的民俗活动,再现了文化价值观。节日是文化横向共时性传播和纵向历时性传承的媒介。

节日也是人与人之间沟通的桥梁以及维系人际情感的精神纽带。通过节日这个机会,人们互相联络感情,表达祝福。节日增强人们之间的聚合感,节日文化的向心力最终必定增强民族凝聚力。

(2)居住文化。就居住文化而言,中西方的差异非常大。中国人在进行建筑设计时大多是出于趋吉避凶、招财纳福之类的目的,而且在材料选择、命名方面都有自己的特色。自古以来,不管是居民建筑还是宫殿都选择土木为材料,并不是中国缺少石材资源,而是表明了人们对大地和植物的特殊情结,大地和植物是自然界的主要组成部分,这就展现了人们希望和自然的和谐统一。

并且中国建筑运用了传统文化中的阴阳数理理论。数与象有着直接而根本的联系,也就是说数是一切事物外在的象。例如,天坛这个圆形建筑,它的圆丘层数、台面直径、拦板数都为单数,即为阳;而地坛是个方形建筑,台阶数为八,是偶数,即为阴。

---

① 吴泽霖.人类学词典 [M].上海:上海辞书出版社,1991:230.

　　然而,西方建筑文化将着眼点放在实物体方面。如果从理性的角度对西方的建筑文化进行反观,也不难发现,西方建筑美中的构形意识大多都是属于几何形体。这种几何形体类的例子有很多,雅典帕提隆神庙、米兰大教堂以及巴黎凯旋门都是非常典型的例子。西方建筑多几何线条,并给人一种有秩序、敞开、一览无余的感觉。例如,西方国家的广场通常都是开放式的空间,与其他建筑相映成趣,与城市环境和谐地融入在一起,构成西方建筑文化的一大亮点。西方建筑文化讲究的是立体效果以及建筑的突兀高耸感,并且,通常在空间上是向着垂直方向扩展的,这些建筑理念都很好地体现出西方人开放、外向、活泼的特点。

二、文化的功能

(一)生理需求功能

　　根据马斯洛的需求理论,生理需求是人类最基本的需求,人类所进行的一切活动首先是要满足生理需求。而文化之所以出现,首先也是为了满足人们的生理需求。在各种类型的文化中,物质文化主要用来满足人们的生理需求。

(二)心理需求功能

　　比生理需求更高级的是心理需求,人类在满足自己的生理需求后,自然会寻求心理慰藉,追求精神上的归宿,此时精神文化就应运而生。精神文化可以帮助人们获得精神上的寄托,可以说是人们心灵的精神支柱。

(三)社会功能

　　社会的发展需要文化提供相应的帮助来满足其自身的发展需求。具体来说,文化的社会功能主要体现在以下三个方面。

1. 导向功能

文化具有导向功能。例如,文化在科研项目中发挥着重要的导向作用,科学家们在已有的科研成果基础上,通过不断地实验和计算,往往会研发出许多具有划时代意义的发明和创造,就像当年电灯、飞机的出现一样。

2. 规范功能

文化的一个重要作用就是要形成各种各样的制度规范来约束人们的社会行为,保证一个社会能够有序地运转和稳定地发展。随着社会生产力的不断发展,人类文明在演变的过程中逐步出现了各种规章制度,这些制度可以维护社会生产的有序进行。而如果社会成员的行为不能得到及时的引导和规范,社会就会陷入一种无序的状态。因此,文化的规范功能是保证社会有序发展的基本功能。

3. 整合功能

整合功能也是文化的重要社会需求功能。社会需要通过文化的整合功能维系自身的团结与秩序的稳定。具体来说,通过整合,可以协调文化内部各个部分之间的关系,使之形成一个和谐一致又联系紧密的整体。此外,同一个国家或同一个民族成员的制度、观念、行为等也需要规范,文化的整合功能恰好可以使这个国家或民族的成员能够对自己的国家或民族有一种归属感。通过文化对一个社会的不断整合,各个地区、各个民族的文化也互相融会贯通,从而达到加强民族团结,促进社会稳定与发展的目的。

第三节　文化与语言的关系

一、语言是文化的重要组成部分

语言是文化的重要组成部分,主要体现在以下三个方面。

（1）语言与文化不是生来就有的,是后天习得的。

（2）文化具有民族性的特点,而语言也同样具有民族性。

（3）文化大致包括物质文化和精神文化。物质文化中语言的作用并不明显,而语言对于精神文化的建设至关重要,精神文化需要语言来表达,需要语言来记载,语言是精神文化得以产生和发展的必要前提之一。因此,语言本身就是文化的一个特殊组成部分。

二、语言是文化的凝聚体

语言是文化的凝聚体,这可以从以下两个方面来理解。

（1）语言有着原文化的性质,语言不仅是语符形式,而且是语符形式与文化内容的有机整体。也就是说,语言不仅是意义的代码,同时是文化的代码。

（2）语言信息系统保存着所有的文化信息,凝聚着一切文化成果,这也就使得我们可以通过语言来认识和分析文化现象。语言是一个系统结构,因此人们会不自觉地通过语言对自然界和人类社会的各种事物进行解释与分类,进而使文化信息变得井然有序。当然,这种解释与分类未必科学、准确,但语言毕竟反映了不同民族的认识方式和不同时期人类的认知水平。所以说,语言不仅仅是一种文化现象,更是文化的一面镜子,是一种文化的凝聚体。

三、语言反映着文化

语言作为一种表达符号,表达人们的思维、认知、交际等,在这个过程中反映不同层次的文化,语言不仅是文化的记录者,还从不同方面反映了各式各样的文化。这里从以下三点进行说明。

(一)语言反映生存环境

语言的形成与一定的自然地理环境有着密切的关系,特定的地理环境造就了特定文化,特定文化反映在语言中形成特定的表达。因此,语言反映了特定的生存环境。例如,英国是一个岛国,人们靠航海、捕鱼为生,因此产生了很多与航海、捕鱼等词汇有关的经典习语和谚语。例如:

poor fish 可怜虫

take the wind out of someone's sail 先发制人,占上风

see how the land lies 摸清情况,查清底细

(二)语言反映民族心理

语言能够反映不同的民族心理,如价值观念、伦理道德观念等。例如,西方原始居民以游牧和狩猎为主,狗在西方被看作人类的朋友,英语中有很多用狗来表达人们的日常行为的词汇,如 love me, love my dog(爱屋及乌),work like a dog(拼命地工作)。然而,在中国的汉文化中,关于狗的表达则包含较多贬义,如"狗腿子""狼心狗肺""狗嘴里吐不出象牙"等。中国自古以农耕为主,对于汉民族文化心理来说,牛是人们耕种的好帮手,关于牛的表达中褒义较多,如"老黄牛""俯首甘为孺子牛"等。

可见,从不同的语言表达中,可以发现一个民族的传统与好恶,因此语言反映民族的价值观念。

（三）语言反映风俗习惯

风俗习惯是社会群体经过长期的共同生活、共同创造并且共同遵守的生活和行为习惯，是一种社会文化现象。风俗习惯的形成离不开社会群体的语言表达，语言的表达中也会反映一定的风俗习惯。例如，汉语中常用的语言表达"先来后到""人敬我一尺，我敬人一丈"，反映的正是中国人的处世态度和行为习惯。

在英语中有很多与黄油、面包等相关的习语。这是因为英美国家主要种植大麦、小麦、燕麦等谷类作物，人们常常用小麦烘制面包，面包就成了英美国家的主食，此外黄油、牛奶、奶酪等产品也是必需品。因此，英美国家就形成了一种"面包文化"，语言表达中也就产生了很多与这些食品相关的习语。例如：

take one's bread out of someone's mouth 把面包从某人的嘴里拿走（比喻"抢走某人的饭碗"）

bread with a thin layer of butter 只涂薄薄一层黄油的面包（比喻"待遇菲薄的职业"）

四、文化是语言形成和发展的基础

文化是语言形成和发展的基础，没有文化的语言是不存在的。萨丕尔在《语言》中曾指出，"语言不能脱离社会继承下来的观念，同时也不能脱离文化而独自存在"。[①] 由于语言中的很多方面（如词汇意义、句法结构等）都包含着许多文化因素，因此现代的文化学家认为，语言是一种文化行为。

词汇是构成语言的基本组成部分，因此文化对语言的影响作用主要是通过词汇表现出来的。例如，爱斯基摩人生活的地方到处都是雪，这就使得他们的语言中出现了很多词来表示雪。例如：

piqsirpoq 堆积的雪

aput 雪在地面

---

① 　况新华，曾剑平.语言与文化的关系述要[J].南昌航空工业学院学报，1999，（1）：63.

qana 下落的雪

qimuqsuq 随风飘飞的雪

perksertok 漂移的雪

akerolak 最近漂移的雪

pokatok 粒状,盐象雪

mauyak 软的雪

patu 霜

minu 轻的霜

illuyak 霜在窗口

pukak 像盐晶一样的雪粉

matsaaruti 适合滑雪橇的湿雪

然而,对于一个斐济人来说,甚至没有一个词汇来表示雪的概念。这是因为斐济人生活在热带地区,终年见不到雪,所以对雪没有任何概念。

由此可见,一个民族特有的文化背景和地理环境使得该民族语言中出现了一些特有词汇。

第二章 跨文化理论综述

英语作为世界通用语言,在当今的社会生活中发挥着重要的媒介作用。当今世界上不同国家的沟通跨越了不同的语言与文化,因此英语教学也应该以跨文化理论知识为基础展开。本章就对跨文化理论的基础知识展开分析。

第一节 什么是交际

一、交际的特征

（一）交际的符号性

符号指的是人们用来标记指称对象的形式,是人们进行交流和沟通的重要媒介。在人类的交际过程中,最基础的交际符号指的是语言。交际的符号性是其最基本的特征,这主要是因为交际的进行需要依赖于一定的符号载体。

需要指出的是,人类的交际和动物之间的交往存在着重要的差异。虽然动物之间也能进行交往,但是往往其使用的信号没有完整体系。交际的符号性能够体现出交际的本质,反映出人类的思维和交际活动过程。

（二）交际的目的性

交际是传播者在一定的交际目的下展开的交流活动。交际的目的性也是其基本特征之一。

在人类的交往和生活过程中,人会有不同的交际意向和需求,因此交际目的也多种多样。在交际目的的影响下,交际者需要选择不同的语言形式进行表达,从而力图促进交际的进行。

交际的目的和思维形式紧密相关。在语言交际之前,交际目的便作用于交际者,从而作用于之后的交际行为。

（三）交际的情境性

交际活动的进行都是在一定的情境作用下发生的,主要表现在社会环境当中。社会环境对交际的影响,就是交际的情境性。一般来说,交际情境性是通过社会心理、社会气氛而影响交际活动的进行的。

例如,喝酒不能开车,如果交际中必须喝酒,则需要考虑驾车问题。这就是社会环境对交际的影响。

二、交际的属性

（一）编码、解码的过程

信息交流的过程是一个不断编码和解码的过程。编码是交际者将自己的思维、情感等变成语言或者非语言语码的过程。解码就是对接收到的信息进行理解和解释,并赋予其意义的过程。具体来说,编码、解码过程的实现需要具备以下两个条件。

（1）双方有相同（相似）的语码系统。换句话说,在跨文化交际中,交际双方必须使用相同的语言。

（2）双方需要对交际相关要素进行把握和理解。交际活动是在一定的社会大环境下发生的,因此交际过程中必然受文化因素的影响。具体来说,主要有以下三类。

第一,代码系统,即指对解码过程中产生的"文化过滤"机制。

第二,文化背景,主要包括文化取向、价值观念、环境因素、心理因素等。

第三,交际情景,主要包括双方的社会地位、角色关系、交际内容、交际场合等。

在跨文化交际过程中,有多种变量参与,因此意义的获得过程十分复杂,这就决定着编码者和解码者之间在信息传递和获取方面存在着较大的距离。加之跨文化交际双方的文化背景不同,在语码系统、社会因素方面也包含着巨大差异,因此编码和解码之间的距离便更加的明显。

（二）有意、无意的行为

在交际过程中,任何性质的符号都会参与交际,这是因为人类交际行为的发生,有些是有意行为,有些是无意行为。其中,无意行为的比重更大一些。一些非语言行为就是在无意识中发生的,如点头、微笑、眨眼、打哈欠等。当人们注意到上述行为之后,无论交际者是否有交际打算,都在一定程度上传递了信息,继而导致交际的发生。

相关研究表明,在熟悉的、正常的交际环境中,人们容易产生无意识、低意识性的交际行为。但是,在陌生的环境中,人类交际行为的意识性就会有所提升。这说明人们在与文化背景相似的人进行交际时,交际行为多是无意识的,而在与文化背景不同的人进行交际时,交际行为多是有意识的。

在跨文化交际过程中,不同文化背景下的人们当对自身交际行为有所疏忽时,很可能在无意识中实施一些与对方文化规范相冲突的行为。交际对方接收到这种行为时,会赋予其消极的意义,并相应采用消极的态度应对,交际误解或者交际失误最终产生。从这个意义上说,跨文化交际过程中要注意自身的无意识交际行为,同时考虑交际对方的文化背景和行为规约,从而减少交际失误或者误解现象的发生。

第二节　什么是跨文化交际

一、跨文化交际的定义

学者哈姆斯(L. S. Harms)认为,人类历史上的交际经历了以下五个阶段。[1]

(1)语言的产生。

(2)文字的产生。

(3)印刷技术的发明。

(4)交通工具的进步与通信手段的发展。

(5)跨文化交际。

从上述阶段可以看出,"跨文化交际"是在时代的发展下出现的交际行为,指的是具有不同文化背景的人们展开的交际,最初是由美国人类学家霍尔(Hall)在其著作《无声的语言》(*The Silent Language*,1959)中提出的。

二、跨文化交际产生的背景

跨文化交际的产生,主要受文化多元化与文化冲突、文化侵越以及一些外在动因的影响。

(一)文化多元化与文化冲突

随着人类文明的不断进步、社会经济的日益发达、科技的飞速发展,全世界各个国家、各个民族的经济一体化趋势越来越明显。而世界范围的文化全球化初见端倪。全世界人们已经感受到:当今世界已经成为一个不折不扣的地球村。但是,在文化多元化的形势下,文化冲击、文化冲突也必然存在,这是导致跨文化

---

[1]　胡文仲.跨文化交际学概论[M].北京:外语教学与研究出版社,1999:2.

交际产生的一个重要原因。

1. 文化多元化与民族多样性

当今世界民族林立,世界各地自然条件、地理环境、历史背景、气候状况、生活方式、科技水平等存在着明显的差异,孕育了不同的民族,也磨砺出不同民族的不同个性,催生了不同的文化传统,使世界呈现了多元化与多样性。可见,文化多元化与民族多样性有着密切的关系。

从上述论述中可知,民族多样性会导致文化多元化。从广义上说,人类拥有着在早期古希腊罗马文化基础上发展起来的西方文化,拥有以印度文化、中国文化、两河文化为代表的东方文化,同时还拥有以埃及文化为代表的非洲文化与以古代玛雅文化为渊源的拉丁美洲文化。从狭义上说,每一国家、民族都有着自己独特的文化。但是,随着人类社会的历史发展,人类的文化逐渐从个性中脱离出来,形成了许多共性的东西。例如,各个国家、民族的人们都追求幸福美满的生活、追求真善美。

但是不可否认,中西方之间存在着明显的差异。例如,西方大多数民族用"耸肩"表达无可奈何,中国人则用"摇头"来表达;世界上多数国家以"点头"表示认可,而阿拉伯人则用"摇头"表达认可。凡此种种,都可以清晰地展现出不同民族之间的文化差异,也展示了明显的文化多元化,且通常在衣、食、住、行等生活方式上得以体现。在长期的生活中,不同地方的人们形成了相对固定的交往方式、风俗习惯、行为准则等,这些并不是以个人为代表,而是以一个民族、一个社区为代表,其范围非常广泛,囊括了世界观、价值观、心理结构、思维方式、生活方式、社交准则等各个层面。

2. 文化冲击与文化冲突

虽然在历史上早就客观存在着不同文化之间的初级水平交往,且这种交往已经达到了很高的水平,但是不可否认的是,不同民族之间的巨大文化差异对于不同民族而言,已经形成了巨大的文化冲击。

所谓文化冲击,是指巨大的文化差异及其影响下的不适应,导致文化失落与心理失衡现象,因此又可以将其称为"文化震惊"。这种现象已经引发了大量的文化交际失误与民族误解,甚至导致了激烈的冲突,从而对相互之间的交流造成了障碍。

所谓文化冲突,是指由于文化差异的存在,导致文化价值观上的强烈对抗与尖锐的矛盾。可以看出,文化冲突产生的重要根源在于文化差异。因此,如果人们不了解不同文化的差异性,不了解这些差异产生的根源与发展的趋势,那么就必然会导致不同国家、民族之间的有效交往与交流,也不利于国家间的和谐发展。

（二）文化侵越

所谓文化侵越,本为贬义词,是指世界对文化的主导,即个别的发达国家对世界各国、各民族文化进行侵蚀与渗透,甚至居于独霸或主宰地位。在这里,我们将其视为中性词,主要指的是文化的越界渗透,即某一国家、民族的文化跨越自己的疆域,进入或揉入其他国家、民族的文化之中,并产生文化效应。这不仅指代跨文化交际的过程,还指代跨文化交际的结果,也就是说不仅指代不同文化之间的互动与交往,还指代不同文化之间的吸纳与融合。之所以会产生文化侵越,主要是由于如下几点原因。

1. 跨文化接触日渐密切与频繁

随着人类社会与思想的进步,人类的生活更加开放,不同国家、民族的人们因生存的需要或者偶然的相遇而开始交往,并日益频繁。于是,跨文化交际应运而生。

如果说人与人之间、家庭与家庭之间的交往是以民族化为特征的早期交往形式,那么国家与国家之间、民族与民族之间的接触则呈现了地域化或国际化的特征,进而演变成现在的全球化特征。从古至今,尤其是经济与科技发达的今天,不同民族间的交往日益紧密,而且逐渐成为国家与民族兴旺的重要一环。

2. 经济之间的相互依赖与跨文化交际

从客观上说,当今经济与科技的发展要求各个国家走出国门、走向世界,加强与其他国家之间的合作与交流。但是,经历了多年的发展之后,世界各国在经济上逐渐产生了依赖,全球经济一体化逐渐形成。在这一形势下,跨文化交际也越来越兴盛,使得文化全球化现象凸显出来,并呈现了一种势不可挡的势头。

毋庸置疑,文化是建立于经济的基础上,因此有什么样的经济就意味着有什么样的文化。经济发展的迫切要求,加上各个国家之间经济的依赖性,是导致跨文化经济发展的动因。

随着信息时代的到来,加之科技的发展,世界各国的经济发展越来越需要其他国家的支持与援助,这也是全球化的基本要件。一般来说,发达国家需要落后国家的能源与资源,而落后国家需要发达国家的资金与技术。也正是由于经济上的彼此互助,导致文化方面的交往日益扩大,这主要体现为两点。

(1)相互之间的经济交往与合作要求了解彼此之间的人文背景、思维方式等。

(2)相互间需要运用多种方式进行文化交往活动,以加强了解,增进友谊。

3. 全球经济区域内的激烈竞争与跨文化交际

在全球经济区域内,一方面如上所说,各个国家与民族之间相互依赖,而另外一方面就是各个国家与民族之间存在着激烈的竞争。从表面来看,竞争是坏事,但是它也是经济发展的动力,对经济良性循环有着重要作用。

在全球一体化的今天,一些举足轻重的大国经济状况不可避免地会对其他国家造成影响,甚至可能会影响整个世界经济的走向。为了在竞争中取得有利地位,各个国家都会利用各种办法,通过经济、外交的频繁往来去了解其他国家的经济、文化等国情,力求知己知彼、百战不殆。可见,各国之间经济上的激烈竞争也是促进各国、各民族之间跨文化交往的内在动因。

（三）外在动因

全球范围内跨文化交际的发展，除了上面所说的内在动因外，还有正面与负面的外在动因。

1. 正面的外在动因

正面因素包含两大层面：科技尤其是交通运输技术、通信技术的发展为跨文化交际提供了技术支持；全球经济快速发展为跨文化交际提供了物质基础。

（1）技术支持。20 世纪以来，交通运输技术迅猛发展，人类逐渐有了日益发达的交通运输手段，人类可以迅捷地到达各个地方。而且，随着科技的更新，我们有了高速铁路、高速公路、轻轨运输、跨海隧道、超音速飞机等交通工具，这使得人们出行非常便利。

交通工具与运输系统的发展，必然会不断扩大文化之间的交往，旅行的便利意味着人们有更多的机会与他国文化接触。现如今，人类的脚步逐渐迈向太空，可以预见在不久的将来，人们会开启更加振奋人心的太空翱翔时代。

除了交通运输技术的发展外，通信技术也得到了迅猛发展。通信卫星、高尖端电视传送技术、数字式电讯网络系统、移动电话技术等使得世界各国的人们可以随时共享信息。另外，电子计算机技术、网络技术等的发展更为惊人。

总之，现代化的交通信息技术为世界各国、各民族的人们走出国门提供了更多的条件与技术，而以网络、电视、手机为代表的现代化通信技术则为世界各国、各民族的人们进行远距离交往打下了基础。这些现代技术无疑会给跨文化交际带来便利，极大地加强了各国家、各民族之间的交往与了解，加速彼此的信息沟通与交流，从而促进全球经济与文化一体化。

（2）物质基础。不可忽视，科技的发展是以经济的发展作为前提的，经济的繁荣昌盛为科技的发展提供了强有力的物质基础。虽然西方发达国家的经济发展受各种原因影响,发展缓慢,但是以中国、印度等为代表的发展中国家,却呈现较快的发展势头。这些发展也保证了全球经济的良性循环。也正是有了经济的基础,人们的生活质量才能不断提高,从而有了出国旅游、享受生活等打算,甚至也出现了移民的情况。可见,强有力的经济基础是跨文化交际不可或缺的物质保障。

2. 负面的外在动因

除了正面因素外,还有一些负面因素的影响,当然这些负面因素反而也促进了跨文化交际的迅猛发展。

(1)人口的快速增长。进入 20 世纪以来,由于人口基数扩大,人口急剧增加。那么人口的增长与跨文化交际有什么关系呢?

首先,最直接的关系是人口的增长会导致移民现象的加剧。这是因为,人口的增加会导致穷国更穷,于是生活条件逐渐恶化,迫使人们不得不去他国寻求生存机会。

其次,间接的关系是人口的急剧增加导致出现了一系列问题,如粮食匮乏、资源短缺、环境污染、传染病流行等,这些问题属于全球性问题,需要各国之间的合作与沟通才能得以解决。

(2)粮食的短缺。当前,粮食也是世界上短缺的资源之一。即便是进入 21 世纪,每天也有很多人处于饥饿状态。在这种情况下,以食品安全取代军事安全,成为许多国家政府的当务之急。因为如果不能解决食品问题,那么很多区域性、地区性的灾难就会发展,甚至会波及全球其他国家。显然,粮食问题已经成了国际性、跨文化问题。要想解决这一问题,也必然需要各国之间的共同努力。

(3)自然资源与能源的短缺。众所周知,地球给人类提供的资源与能源非常有限,不可能取之不尽、用之不竭。但是,当今世界的资源与能源问题出现了不公平性,一些大国需要消耗较多的资源,但是本国提供的远远不够;一些经济基础弱的国家有很多资源,但是并未很好地进行开发。因此,资源的短缺很容易引发不同国家之间的争端与分歧。要想解决这一问题,必然需要跨文化接触与合作。

（4）生态环境的恶化。随着人口的逐渐增加与全球经济一体化的发展,环境污染早已经跨越了地理与文化的羁绊,正在逐渐演变成全球性的问题,正在对人类自身的存在造成威胁。

环境污染的加剧必然会对人类的生存条件造成不利影响,也会造成自然资源、食品等的短缺,从而使世界上的人们为了改善生存条件,对资源进行争夺,导致各种冲突与矛盾的产生。此时,跨文化交际就表现为经济、外交等方面的冲突。

但是,当前人们认识到资源、环境等层面的问题,认识到这些问题不仅是个人的事情,更是世界各国、各民族的事情,因此世界上各个国家不得不联起手来,共同协商与应对。可以说,全球资源与环境的保护问题需要全世界的同心协力,这也成了跨文化交际日益频繁的一个重要外因。

第三节　跨文化交际的影响因素

一、音律、语气、语体

跨文化交际中的语言使用非常复杂,不仅涉及言语调节、交际风格、表达形式、言语行为,有时还会涉及音律、语气和语体。

（一）音律

跨文化交际中,音律会影响发话人的话语意义。发话人在不同的地方停顿所表达的意义是不一样的。例如:

My sister who lives in Miami/is very nice.

住在迈阿密的姐妹,她人很好。（发话人有多个姐妹）

My sister/who lives in Miami/is very nice.

我的姐妹住在迈阿密,人很好。（发话人只有一个姐妹）

（二）语气

跨文化交际中，发话人不同的语气会产生不同的言语释义。语气通过改变该文化框架内的语境化线索和发话人与受话人之间的社会框架结构关系，形成了不同的语言表现形式，进而影响受话人对话语的理解。

中国文化中的语言表达形式与美国文化中的语言表达形式有很大的差异。例如，中国语境文化中，父子间对话常常较正式和严厉，父亲说话常带有一种近似命令的口气。在美国文化语境里，父子间是平等关系的，所以父亲的语气比较客气、委婉，常用please。

（三）语体

口语在交际中最常见的语体，分为正式和非正式两种。其中，正式口语又分为演讲、朗读和交谈。

演讲使用标准词汇，合乎语法、简明的句子，语速较慢，发音清楚，易于理解，常常保持拖腔风格以保持听众注意力，一般用陈述语句，偶尔使用设问句以增强交际效果。演讲是一个双向互动的交际活动，演讲人要尽最大可能、采用多种技巧来调剂与听众之间的关系，以拉近双方之间的心理距离，以取得较好的交际效果。

朗读是书面语的声音形式，具有清楚的词汇、语句，按照规定的语速、语流、节奏进行。朗读是单向的信息传递，具有他控性、连续性和不间断性等特点。

交谈包括话轮转换、沉默、会话管理策略，涉及许多会话技巧。访谈、对话具有标准化的词汇、语法、发音，以及程式化的语流、语速。

非正式语体的话语基调受语言社团和交际环境影响出现了"大量的语言变异现象"，句子简单，强调语境化和情景意义，常用于熟人之间、非正式场合。交际的顺利进行是建立在交际双方共知的语言背景基础上的,交际时伴随着大量非语言交际。

二、副语言

副语言又称"辅助语言",是指伴随话语发生或对话语有影响的有声现象,是一些超出语言特征的附加现象,如说话时的音高、语调、音质等都属于此范畴。此外,诸如喊、叫、哭、笑、叹气、咳嗽、沉默等也可以看作副语言现象。[①]

例如,交际中声音尖刻寓意讽刺,声音发抖表示紧张、害怕,降低语速表示暗示或强调。说话时略带鼻音可能说明有些生气,压低声音谈话表示内容较为机密,说话时结巴表示说话人比较紧张或是正在说谎等。

副语言本身带有一定的含义,但是这种含义并非通过词汇、语法、语音等表达出来,而是伴随语言而发生的,且对语言的表达产生了一定的影响。因此,学习并掌握副语言现象对于精准理解说话者的意图具有十分重要的意义。

三、时间信息

时间信息就是人们通过对时间的理解和使用而传达出来的信息。它是人际交流过程的一个重要因素,每时每刻都存在于物质世界。罗伯特·莱温(Robert Levine)曾经做过一项调查,他通过观察和计时总结出不同国家的生活节奏情况,如表 2-1 所示。

表 2-1 生活节奏排名表

	国家	美国城市
最快	1. 瑞士 2. 爱尔兰 3. 德国 4. 日本 5. 意大利	1. 波士顿 2. 布法罗 3. 纽约 4. 盐湖城 5. 哥伦布

① 严明.跨文化交际理论研究 [M].哈尔滨:黑龙江大学出版社,2009:32-33.

	国家	美国城市
最慢	27. 叙利亚 28. 萨尔瓦多 29. 巴西 30. 印度尼西亚 31. 墨西哥	32. 孟菲斯 33. 圣何塞 34. 什里夫波特 35. 萨克拉曼多 36. 洛杉矶

（资料来源：严明，2009）

通过表 2-1 我们可以看出，不同的国家对于时间的掌控各不相同，同一国家内不同地区的情况也不相同。

四、空间信息

所谓空间信息与人口和文化有着十分密切的关系，指的是反映地理空间分布特征的信息形式。霍尔（Hall）使用"近体距离"这一概念表示人和人之间的距离，并将其分为以下四种类型。

（一）个人距离

个人距离的范围是 0.5 米到 1.2 米。在这个距离内，人们的感觉是最舒服、最放松的。因此，人们在非正式场合，如学习、工作或是聚会中习惯性地保持这一距离。

如果破坏个人距离，常常会给交际带来不良影响。例如，当与他人交谈时，过于增大个人距离会使对方感觉受到冷待或被拒绝。同样，如果将个人距离降至私密距离，很有可能会给他人带来紧迫感。

（二）私密距离

私密距离的范围是从接触点到距人 0.5 米之内。在这一范围内，身体接触十分常见。由于人体的感官系统在私密距离内一般处于较兴奋状态，很容易被外界环境激发，因此处于不舒服状态的人很容易情绪不稳定，也很容易出现反抗、攻击等行为。

（三）公众距离

公众距离的范围是 3.7 米或是更远，是所有距离中最为安全的一种。由于这种距离已经超出了个人所能参与的范围，因此在这一距离内，人们通常不会发生谈论或是交流。如果在可以选择其他距离的情况下仍然选用公众距离，就表示其无意进行交流活动。

中国文化属于聚拢型，讲究人与人之间关系亲近。欧美文化属于离散型，主张个人的独处。因此，在跨文化交际中要特别注意中西方空间信息上的差异。例如，欧美人在乘坐电梯时，如果空间允许，他们往往会与陌生人保持尽可能远的距离。但中国由于人口稠密，个人所能拥有的空间也就十分狭小，这就使初到中国的西方人感到拥挤不堪、毫无空间。

（四）社会距离

社会距离的范围是 0.5 米到 1.2 米。粗略地说，社会距离保持在离他人一臂之长的地方，这个距离相对较为安全。人们在一些较为正式的场合一般保持这一距离，如谈论生意或是正式会面等。处于这一距离时，人们通常不会进行过于私密的交流。

在跨文化交际中，对上述影响因素有所了解有助于交际的进行。同时，跨文化基础理论知识也是进行英语教学的重要依据，应该引起教学工作者的重视。

第三章　基于跨文化理论的英语教学综述

在经济全球化的背景下，跨文化交流与沟通日益频繁。这对英语教学提出了新的要求，英语教学应注重与文化结合起来，运用跨文化理论指导教学，培养学生的文化意识与跨文化交际能力。本章重点探讨基于跨文化理论的英语教学的相关内容。

第一节　英语教学中的文化差异

一、英语教学中的思维模式差异

思维模式是人们通过推理、分析来对外界进行感知。由于文化背景不同，中西思维模式也存在很大差异。思维模式差异在英语教学尤其是写作教学中有所体现，因此教师应对此予以重视。

（一）直线思维与螺旋思维

1.西方人的直线思维

西方人的思维线路呈直线形，受此影响，西方人所使用的语言通常直截了当，表达鲜明的态度。

西方人主张"天人相分"，他们认为每个事物都是相互独立的，一切事物都处于变化发展的状态。所以，西方人习惯直接地表达，而且他们的立场前后一致，不会掩盖事实，不使用无关信息。所以，英美人写的文章常是直线展开的，切入主题后就直接陈述段落的中心思想,再利用数据的支撑,从多个方面对主题进行论述,最后是结论。

2. 中国人的螺旋思维

中国人的思维方式是曲线螺旋结构,这一思维模式的特点如下。

(1)就语言的思考与运用而言,常重复使用某些词语或句式。

(2)就行文方式而言,文章开篇一般会用概括性、笼统性的表达方式。段落中常涉及一些与文本其他部分关系不大的信息。在文章中,作者大多是进行委婉的陈述,并不会将自己的观点或意见直接表述出来。

例如:

近一段时期,从报纸、广播、电视上得知,不少地方都在做同一项工作——补发拖欠教师的工资。有的是"省市主要领导亲自过问",有的是"限令在教师节前全部补齐"。湖北某市的领导还卖掉日产"公爵王"轿车,把 35 万元卖车钱用于还欠教师的债。总之,这些报道在宣传"领导的尊师重教之情",向我们报告着一个又一个的好消息。

显然,上述例子并未将主题、焦点明确地表达出来,而是等待读者自己去发现。

总之,中国人的语言表达较为模糊。中国人在语言表达时,将思维发散出去后一般会再收回来,回归到原点。受这一思维模式的影响,中国人的表达一般不直接切入主题,而是反复围绕一个问题展开,最后总结。这与英语文章有明显的不同,在英语教学中,教师应引导学生应注意区分。

(二)整体思维与个体思维

西方人主张"天人二分",即认为人与自然、主观与客观是分离的。这就表明了西方人的个体思维。西方人强调应先分析部分,然后知整体,先分析小的方面,然后知大的方面。

中国古代强调"天人合一",无论从人心体验还是社会感悟,无论是对人的认识,还是对自然界的认识,都强调人与自然、主体与客体的统一。这就表明了中国人的整体思维,他们认为整个世界就是一个整体。整体是由部分构成的,要了解部分,首先需要对整体进行把握,从整体看问题,反对孤立的态度。

（三）抽象思维与形象思维

在形而上学思维的影响下,西方人习惯抽象思维,即人们以概念作为基础,对事物进行与现实物象相脱离的判断。西方人的思维模式具有抽象性、分析性的特点。受这一思维模式的影响,西方人擅长对概念进行抽象表达。

中国人强调"天人合一",受该思想影响,中国人善于形象思维,即人们通过与外部世界的客观事物形象产生联系,加之头脑中的固有物象,展开思考与总结。受这一思维模式的影响,中国人擅长对概念进行具体表达。

（四）认知型思维与伦理型思维

1. 西方的认知型思维

西方文化发源于沿海地区,受海洋性、开放性地理环境的影响,西方的航海业、工商业非常发达,因此也就形成了以探索自然奥秘为目的的传统思维。

西方对大自然非常敬畏与憧憬,且充满好奇心,这就引发了人们对大自然无穷的探索。哲学家将这种对自然的认识与探索视作一种使命,因此在哲学家眼中,自然是一个独立的对象。

亚里士多德认为,"人类的本性在于求知,人类的目标在于认识真理"。而探索真理的过程就是找出对象产生与发展的原因,这就是西方的认知型思维。万物的存在都会有原因,而这个原因主要有两种:一种是有限事物的原因,这是具体科学的任务;二是无限事物的原因,这是哲学的任务,属于第一原因。

随着自然科学的发展,西方人不断排除各种主观臆断与猜测,通过探索发现自然界本身的原因,对自然现象予以解释,从物质或对象的内部结构来阐释其内部属性,从而产生了基于实验的各种推断与说明,也逐渐形成了科学理论体系。

2. 中国的伦理型思维

中国的地理环境处于半封闭状态,受小农经济的影响,加上社会现实的制约,逐渐形成了儒家思想,而以儒家为代表的思想家并未积极地探索自然的奥秘,而是对政治、社会现实等予以特别的关注。他们认为,对自然奥秘的探索是为社会、政治服务的,为社会政治提供理论依据。思维的中心在于伦理道德,尤其是长幼尊卑、朋友之谊等。维护人伦关系不仅有助于维持君臣的关系,也有助于定国安邦。

中国人的伦理型思维方式使先人将伦理、道德视为视觉焦点,主张"仁、义、礼、智、信",只有"诚意、正心、修身"才能"齐家、治国、平天下"。可见,中国人重视道德修养、伦理纲常、人际关系和社会的和谐安定。

《左传》中说,"天道远,人道迩,非所及也,何以知之?",这句话简单理解就是天道是彼岸世界的事情,而人道是我们关心的事情,是可以知道也必须做到的事情。

《孟子》中也有"天时不如地利,地利不如人和"的说法,可见,儒家对自然事物的论证不感兴趣,而对人伦道德则非常感兴趣。

总之,中国人并未将自然独立出来,而是将自然纳入人文意识之中,这样就导致了"天人合一"倾向的形成。因此,中国人向来追求人伦政治,而忽视自然意识,其焦点仅仅集中于伦理、道德。

可见,西方人的思维是科学认知型,对人的判断往往取决于其行为与表现;而中国人的思维则是伦理型,对人的判断往往取决于其身份。因此,西方人看重个人奋斗,中国人看重人际关系。

中国社会以人际关系的改变作为改朝换代的契机,从而建立新的政治,开创新的历史篇章,这属于人文文化;西方社会则以处理人与自然的关系作为其发展的动力,推动了自然科学的发展,这属于科学文化。

(五)因果逻辑思维与阴阳意象思维

1. 西方的因果逻辑思维

西方的商业文明孕育了西方先民的因果逻辑思维。西方海洋民族的始初生存条件要比东方大陆恶劣得多。经商需要跨越荆棘丛生的高山峻岭和狂风恶浪,大自然似乎处处与人作对。此外,市场行情变化、生意场的险恶,促使他们去寻找"变"中的"不变"。

西方早期就形成了"天人二分"的理性思维方式。万事有果必有因,于是因果思维方式产生了。他们关注事物现象背后的本质,探索战胜对手的对策,把握理论抽象的"逻辑在先",这样以探索事物本质为宗旨的科学研究在欧洲形成了深厚肥沃的土壤。

理性思维方式是逻辑分析的方法。

首先,把复杂事物的整体分解还原为部分,寻找各部分的特性因素。

其次,建立逻辑认识体系,运用定义概念、判断命题,从已知现象推出未知本质。西方从此形成了强烈的理性传统。

2. 中国的阴阳意象思维

中国农业文明孕育了中国先民早期的阴阳意象思维。农业生产在于顺天应时、春种夏长、秋收冬藏。只要不违农时,吃饭穿衣总是有所保证的。因此,人与自然的关系是和谐的,人们从来没有把自然当作对手来看待,他们总是在观察并总结经验。

中国先民对物质世界的直观概括形成了阴阳、五行、八卦,这是中国早期的整体、循环、意象思维方式。"象"成为中国先民的思维工具,分为四层次:物象、性象、意象、道象。

第一层:物象。人、自然、社会可直接感知的、有形实象,如面象、气象等。

第二层：性象。事物象中抽象出的某一方面属性之象，包括动态属性之象和静态属性之象。

第三层：意象。反映事物属性本质联系之象，如意思、意境。

第四层：道象。规律之象，如道、阴阳、易、五行、八卦之象。

中国先民的思维方式不利于科学的发展。因为崇尚"天人合一"的中国先民只关心表面现象的总结，思维方式是感性、直观体悟式的，所以缺乏从事科学研究的理性思维。

另外，中国先民的思维方式促使了中国宗教观念之薄弱特性。中国人的意象思维不关心真实与虚拟的对立，缺乏抽象虚拟能力。而上帝是超验的，是经过理性思辨而虚拟抽象出来的。当然，中国人宗教意识的淡薄主要是因为中国的农业社会性质。在团粒结构中，个人缺乏独立意识，他可以从群体中得到维持生存的物质和精神支持，不需要向虚拟神灵寻求庇护。

（六）发散多元思维与尚一趋同思维的差异

1. 西方的发散多元思维

西方的政治思维是发散多元的。这呈现了四种景观，这四种景观与现实政治融合为一体，对人们的政治思维产生了影响。

伦理学景观对政治有着主导的作用，伦理学的原则和目标主要是对政治的参透。所以，各种组织、体制的制定主要是为了实现这一目标。

神学景观在中世纪比较流行。其实际上是一个主观的前提，始终坚守上帝创造世界、上帝安排世间秩序这样的信条。而这些对于政治思维来讲，成为各个思想家各抒己见的主观性前提。

法学景观从资产阶级革命前后到今天都非常流行。文艺复兴运动提倡人性的力量，政治思维也从重神转移到重人，注重人性的自由、人的权利。不论其理论形态如何，各个思想家都表现出统一的倾向。19 世纪以来，资产阶级革命的猛烈冲击，西方社会守旧思想与变革思想的交织,社会出现了不稳定局面。因此,一些人开始怀疑法学景观的效力,形成了实证性与批判性两大派,而后者催生了马克思主义政治学说。

社会学景观在 19 世纪上半叶到今天都存在的,其与上面的法学景观对现代的政治思维有重要的主导作用。

2. 中国的尚一趋同思维

中国传统的政治思维是尚一趋同的。春秋战国时期是中国传统政治思维奠基的时期,也是最为活跃的时期,出现了百家争鸣的局面。

道家的思想主要内容是无政府主义,他们彻底否定了当时的礼义道德与社会现实。他与儒家的思想相反,认为圣人的存在导致了社会的病态,只有打倒圣人,才能使大乱变成至治。

墨家的思想主要内容是尚贤与尚同。他们以小生产者的利益为重,反对世袭制度,主张人人平等。因此,只要个人有才能,那么就可以任职。

儒家的思想主要内容是"德治主义",即以人伦关系为基础的德治和仁政。他们认为政治问题能够得以解决,完全是依靠人格和道德的力量,从而实现内圣和外王的统一、政治和伦理的统一、政权与教化的统一。如果要想实现好的政治,就必须处理好人伦关系,如果君臣、父子都能够按照自己的责任和义务做事,那么清明的时代也就不远了。

中国传统的政治思维是从"分"开始的,然而各家都并没有体现出思维宽容的意识,他们都相信自己的思想是正确的,想用自己的思想来达到对天下的统治。但是,他们追求思想统一,这也是他们的共同目标。在各家看来,百家争鸣的现象是不正常的,这是因为他们没有能力来将其他的思想吃掉。因此,"禁心"是最有效的方法。这样在百家争鸣的底层也孕育着一种综合的力量,最终催生了统一的局面。

（七）逻辑实证性思维与直觉经验性思维的差异

1. 西方的逻辑实证性思维

西方思维传统注重科学、理性，重视分析、实证，因而必然发明并借助逻辑推理，在辩论、论证和推演中认识事物的本质和规律。

古希腊哲学家亚里士多德开创了形式逻辑，提出了形式逻辑的三大基本规律，创立了演绎推理的三段论以及整个形式逻辑体系，使逻辑性成了西方思维方式的一大特征。形式逻辑还使西方思维方式具有理性、分析性、实证性、精确性和系统性等一系列特征。西方中世纪时期，占主导地位的经院哲学也未能从根本上否定理性和形式思维的作用，依然主要运用形式逻辑的模式，从教会的《圣经》出发，对上帝的存在采用演绎推理加以证明。15 世纪下半叶，自然科学的发展进一步推进了形式分析思维模式。17 世纪，英国哲学家培根充实了形式逻辑的内容，建立了归纳逻辑的基础，认为要面对自然、事实，以经验和观察为依据，坚持认识起源于感觉，主张用观察、实验、分析、比较、归纳的理性方法整理感觉材料。此后，19 世纪英国逻辑学家穆勒将培根的这一思想发展为探求因果联系的五种归纳方法。归纳法与演绎法相结合，使形式逻辑的内容大体比较完备。17 世纪，笛卡尔、莱布尼茨试图用数学的方法来处理逻辑问题，促进了数理逻辑这门科学的诞生。19 世纪末至 20 世纪初，一些著名的数学家兼逻辑学家建立了数理逻辑这门科学。数理逻辑用一整套人工符号语言来表达逻辑结构和规律，把对思维的研究转变为对符号的研究，因此也称为符号逻辑。18 世纪末至 19 世纪初，黑格尔建立了唯心主义的辩证逻辑体系，马克思、恩格斯以唯物主义改造了黑格尔的辩证逻辑。至此，西方已有了形式逻辑、数理逻辑、辩证逻辑等基本逻辑工具。西方逻辑思维的发展导致思维的公理化、形式化和符号化。

西方逻辑思维更加倾向于思考未来，因为西方新兴国家历史较短,也没有多少引以为傲的"亮点",通常更看重未来。但是,这类国家往往是社会历史发展的"后起之秀",引领时代潮流,这是它们唯一值得骄傲的地方。这些国家几乎没有什么陈规旧俗,更富有冒险精神和创新精神。它们认为,希望在未来,不愿落后于他人、落后于时代,所以总是朝前看,不断朝着未来的目标努力。

因此,在消费方面,西方文化自古就有开放的传统,总是把目光投向自身以外的世界。古希腊时期的各个城邦都是以手工业和商业为中心的外向型经济,需要积极向外扩张征服,拓展原料产地和商品市场,也形成了敢于冒险和求新的开放的消费观念。对于他们来说,新的才是进步的,进步的就是好的。

2. 中国的直觉经验性思维

中国传统思维注重实践经验知识,注重整体思考,因而借助直觉体悟从总体上模糊而直接地把握认识对象的本质。直觉思维通过静观、体认、灵感、顿悟,未经严密的逻辑程序,直接而快速地获得整体感觉和总体把握。重直观内省,轻实测论证;重内心体验,轻实验实证;重直觉领悟,轻逻辑推理。直觉思维因省去许多中间环节,因而能够高效、快捷地领悟认识对象,但偶然性多,准确性差。这是一种超越感性和理性的内心直觉方法。

儒、道、佛三家都注重直觉体悟宇宙本体,力求达到"天人合一"的境界。孔子说"内省不疚",孟子认为"尽其心者,知其性也;知其性,则知天矣",由心的内省以领会宇宙的根本规律。道家认为自然是一个整体,不可分析,只可感觉、体验、领悟。佛教的禅宗主张"顿悟",相信瞬刻之间,便可"恍然大悟",强调"直指人心",力求排除语言文字对思维的束缚,在超时空、非逻辑的精神状态下实现绝对超越,进入佛性本体境界。悟性是直觉思维的核心,通过感觉、体验、意会、领悟、凝思、冥想、内省、自求,以"尽心""体道""体物"。

中国的直觉思维具有直接性、意会性、整体性和模糊性,但如果以逻辑思维为前提,并与逻辑思维相结合,就可能发挥其创造性。直觉思维对中国哲学、文学、艺术、美学、医学、宗教等的影响尤为深远。

直觉思维方式使中国人对事物的认识只满足于描述现象和总结经验,而不追求对感性认识的深层思考与对现象背后本质的哲学思辨。中国人对事物的认识常常是"只能意会,难以言传",习惯停留在表面现象上,对许多事物的认识"只知其然,不知其所以然",缺乏探求现象背后的深层原因与本质特征的精神。

二、英语教学中的价值观念差异

价值观念是"人们心目中对于万事万物的相对比较固定的、成套的评价、看法或价值评估体系"[①]。中西价值观念差异在英语教学中也经常会遇到,渗透于听、说、读、写、译各项教学活动中,因此教师应注意引导学生学习这些差异,提高英语学习效果。

(一)个人主义价值观与集体主义价值观

1. 西方人的个人主义价值观

西方人提倡独立自主的个人主义,强调个人权利的维护、提倡平等、追求自由。

西方人对个人隐私尤为看重。在日常交际中,西方人一般不会谈及比较私人的话题,如年龄、财产、收入、疾病等。

这里值得说明的是,西方个人主义是受法律约束的,并不意味着为所欲为,不代表个人利益高于一切。

2. 中国人的集体主义价值观

中国人的价值观属于集体主义价值观,认为个体是群体网络中的一部分。这样,群体之间逐渐形成一些为各方均认可的价值观念和道德准则,如集体主义、对群体的依赖性等。

对于个人与集体关系的处理,中国人往往首先考虑集体利

---

① 闫文培.全球化语境下的中西文化及语言对比[M].北京:科学出版社,2007:88.

益,坚持"小家服从大家,个人服从集体"原则。此外,人们尊敬长者和有地位的人,懂礼让,维护上下尊卑的社会秩序。

中国人对人际关系非常看重。中国人在问候别人时,常会涉及别人的私事,或会毫无保留地披露自己的私事。

(二)"求变"心态与"求稳"心态

1. 西方人的"求变"心态

受个人主义价值观的影响,西方人更倾向于"求变"。大多数西方人满足于已取得的成就,不甘受制于各种条件的限制。他们在意的是变化、改善、进步、发展与未来。

正是因为具有"求变"的心态,所以西方非常喜欢另辟蹊径,热衷于冒险探索。这使西方社会一直处在创新的氛围中。

2. 中国人的"求稳"心态

集体主义价值取向使中国人形成了"求稳"的心态。在中国社会,大家(国家)、小家(家庭)都希望稳定和谐。一个社会不可能是一成不变的,关键看为什么变、如何变、变得如何。纵观中国几千年的发展史,都是在"稳定"中求生存,求发展,求进步的。

中国人提倡"求稳"价值取向,国家始终将维持安定团结的局面放在第一位,强调"稳定压倒一切",坚持"发展是硬道理"。这体现了中国文化的特质。

(三)竞争观念与和谐观念

1. 西方人的竞争观念

根据社会发展历史可知,西方社会所表现出的典型特点是"重商主义"。美国著名学者罗伯逊认为,在 1776 年美国独立时,美国社会的商业文明就已经形成。

商业文明提倡个人所具有的奋斗精神。在西方社会,"权利、地位、声望、金钱"并非天生就具备的,不能通过继承遗产或者高贵的血统来获取。个人想要获取财富,实现自己的理想,必须依靠自己的努力与奋斗。

作为社会中的一分子,个人只有通过自己的努力,通过竞争来获取资本以及各种机会,人应该勇于面对和接受各种挑战,将自己放在与他人竞争的同等位置,激发自身的潜力以及战斗力,通过行动来追求速度、结果、效率。西方人推崇达尔文所提出的进化论思想,他们将"物竞天择"作为人生信条之一。

2. 中国人的和谐观念

中国是农业大国,体现了明显的"重农主义",将农业视为立国之本。在中国传统思想中,重农轻商、重本轻末体现得尤为明显。孟子说:"百亩之田,勿夺其时,数口之家可以无饥矣。"

在中国古代社会,商人被轻视是一种普遍现象。当时社会流传这样一个说法,即"士、农、工、商"。由这一排序可以看出商人的地位。中国古代社会之所以形成重农思想,主要是因为古代人以农耕为主,通过农业解决温饱问题,长期处于一种自然的经济状态中。

受重农主义的影响,中国人强调天时地利人和,提倡合作精神、协调关系。例如,"远亲不如近邻""家和万事兴"等都是对和睦、和谐的推崇与追求。

(四)天人二分审美观与天人合一审美观

1. 西方人的天人二分审美观

西方文化的根本是主客二分,将外在世界作为人的对象,主体需要站在自然之外冷静、客观地观察、思考、研究、分析,因而他们在文化审美上就注重对自然的模仿,将文化的本质看作对自然的一种模仿。西方文化的发源地之一是希腊,其中最突出的文化表现形式是雕刻与叙事诗,二者最能体现西方人的文化成就与审美标准。

雕刻与叙事诗很好地体现了主客二分的审美模式,表现出典型的写实风格。同样,西方人在对大自然的审美中也体现出主客二分的模式。在西方人看来,人对自然的审美一般表现为两种心理:畏惧或征服,所以人对审美的判断结果也只能局限于这两种心理范围内。

2. 中国人的天人合一审美观

中国传统文化中所提倡的天人合一精神引导着人们在审美模式上倾向于与自然融为一体,审美文化从一开始就强调艺术属于主体本心,反对简单地模仿外物。古代众多哲学家都强调天人合一观,如老子、庄子等,他们提倡在审美中应该张扬人与自然的天性,一切都应该顺其自然,不可人为强制。

儒家的美学观点强调,美学在具有合理性的同时也必须合乎社会伦理道德,达到"美""善"的统一。中国古代的艺术与审美理论另外一个突出的特点就是强调体物感性,主体的心灵世界与外物相接触,并不是一种单纯的模仿。中国人认为,人不但需要懂得对大自然的欣赏,而且还需要将自己融入大自然中,实现人与自然、人与人,以及人与自身的和谐,这被认为是旅游审美的最高境界。

(五)"将来"时间观与"过去"时间观

1. "将来"时间观

西方人的个性主义价值观要求他们要不断努力、不断创新,实现自己的物质需求,追求自己的独立。在西方人眼中,时间一去不复返,因此他们不能留恋过去,而是面向未来,抓紧时间享受现在的生活。

2. "过去"时间观

除了集体主义与个人主义的差异,中西方在时间观念上也存在明显的差异。一般来说,中国注重"过去",而西方注重"将来"。中华民族历史悠久,这也让子子孙孙引以为傲。因此,在中国人眼中,历史是绝对不能忘怀的。在这一思想的影响下,中国人习惯用古代的仁义道德思想来评判身边的事情。现如今,虽然人们将更多精力开始从过去转向未来,但是"过去"的这种价值观仍常驻中国人心中。

(六)注重个人观念与崇尚道德观念

1. 西方人的注重个人观念

在西方,早在荷马时代人们就开始对道德展开了思考,到公元前4世纪,古希腊思想家亚里士多德第一个建立了伦理学。之后,伦理学就作为一门重要的学科在西方发展起来。20世纪之后,西方伦理学体系从内容到形式都发生了明显的变化,不过道德问题仍然是这一学科思考和研究的重要问题。

在西方,表示伦理的单词为 ethics,这一单词来自希腊语 ethos,本意是"本质""人格""风俗""习惯"。公元前4世纪,希腊哲学家亚里士多德创立了研究道德品性的学问,称为伦理学。在亚里士多德看来,德性分为伦理德性和理智德性。前者是由风俗习惯沿袭而来,后者主要是由教导和培养而形成的。伦理既有约定俗成的成分,也有后天习得的成分。但不论如何,亚里士多德都认为行为的正当性在于它是合乎德性的行为,即表达了行为者的品德,行为者应该是有德的人。完美的生活与道德有关,因为道德在根本上牵涉到行为和人的德性问题。据此可知,西方伦理学主要是研究风俗习惯所形成的伦理道德。随后,西方伦理学作为哲学的一个分支逐渐发展起来,即道德哲学。这一分支主要研究的是关于对与错、善与恶的行为,研究什么是好的生活,如何做个好人以及何为正确的行为和事情。

与中国的伦理学一样,西方的伦理学也有着十分悠久的历史。西方伦理学的思想起始于亚里士多德、苏格拉底,这些哲学家非常重视自然哲学,主要探究万物的根源以及事物的本原,苏格拉底十分重视"人"的问题,认为人应该重视对灵魂的修养以及行为的规范。苏格拉底将西方的哲学从自然引向了生活实践，促使哲学开始沉思生活、伦理、善、恶等。

在苏格拉底看来，勇敢、虔诚、正义、节制等都是人应该具有的美德，这些都是善的。正是一些人缺乏道德信仰，或者有意否定道德信仰，促使哲学家柏拉图开始使用理性的思维方式来思考道德的意义，思考真、善、美的重要性。柏拉图认为人之所以为人的本质就是遵循伦理的规定，正义是生活者的德性，也是真正的政治德性，个人要集正义、智慧、勇敢、责任于一身。

2. 中国人的崇尚道德观念

人伦与道德观念一直是贯穿中国社会的传统思想。中国人的人伦，并不是社会学的观念，也不是生物学的观念，而是从道德角度来说的。中国古代就是一个宗法性的社会。所谓宗法性社会，指的是以亲属关系为其结构，以亲属关系的原理与准则调节社会的一种社会类型，即宗法社会是这样一种社会，在这个社会中，一切社会关系都以家族为本，宗法关系就是政治关系，政治关系就是宗法关系。因而政治关系以及其他社会关系都需要依照宗法的亲属关系进行调节。所以中国社会是"伦理本位"的社会。

在"伦理本位"的社会中，主导的原则不是法律而是情义，义务比权利更为重要。因此，法的观念在中国并没有像在西方那样成为政治的主要手段，相反，情义成为中国政治文化的主要因素和约束力。中国是一个有着悠久伦理传统的国家，在中国传统的儒家思想中，伦理始终处于核心地位。自西周开始，中国就形成了伦理思想。西周建立了严密的宗法等级体制，在这一基础上形成了一系列宗法道德规范和伦理思想。到春秋战国时期，伦理思想主要是以儒家为主，"仁义"是儒家伦理思想的核心。

（七）重利轻义观念与重义轻利观念

1. 西方人的重利轻义观念

西方海洋文化所孕育出来的社会精神,使得西方人形成了一种以个人为中心的价值取向,个人的生存与发展都依赖于自己,每个人都要对自己的行为负责。家庭与个人的关系只是一种暂时的关系,在家庭中,成员是自由的,淡化个人对家庭的责任与义务,在财产归属上,西方沿袭的是"同居而异财"的方式,虽然同居但财产分属十分明确。

西方私有制的延伸导致父子、兄弟、夫妻都有自己的私有财产,夫妻之间的关系是平等的,血缘造成的家庭尊属关系必然被法律关系所取代。在人与人之间的关系上,西方文化强调平等与自由,基督教文化要求人们爱人如己,出于宗教感情,西方对这种处事原则多有认可。在很多情况下,当矛盾发展成为激烈的冲突时,人们往往诉诸法律。西方人具有十分强烈的法律意识,法律是调节人与人、人与社会之间冲突的一个有力杠杆,早在古希腊时代人们就提出了"社会契约"的观点。

西方文化讲求人人平等、自由,注重人的人格与尊严,这对造就个人的创造性与开拓性,打造人的整体向上精神,无疑是不可或缺的思想动力。家庭观念淡化,家庭成员的地位平等,这有助于形成平等的人格意识,促进人的内在潜能的开发以及全面成长。不过个体本位也在淡化亲情关系,导致人际关系十分冷漠,人与人缺少必要的交流与沟通。家庭结构松散不利于整个社会的稳定与和谐发展,不利于适合向心力的加强,也不利于形成强大的民族凝聚力。

人与人、人与社会的关系提示了人的本质属性,即社会性,这一规定要求在对个人进行评价时要将人看作社会中的人,将人放入一定的社会关系中进行评价,任何一个人一旦脱离了一定的社会关系,就无所谓个人的能动性与创造性,也就谈不上个人价值,更不可能推动整个人类社会的进步与发展。

2. 中国人的重义轻利观念

中国受儒家文化的深刻影响,形成了重义轻利的观念。在义与利的关系上,儒家学说提倡"义以为上",要求把群体的利益放置于个人利益之上,突出"义"的普遍性和绝对化,反对唯利是图,力图通过这一观念来解决个人与社会的矛盾,协调个人与群体的关系,避免由于利益的冲突所产的个人与社会的对立,这对维护社会的稳定,无疑会起到很大的作用。在这种精神的渗透下,中国历史上确实出现了很多舍生取义的民族英雄,他们为了国家和民族的利益牺牲自己。

在古代中国,人们羞于谈利,甚至将追求个人利益当作一种耻辱,将追求金钱作为一种道德的偏斜。过度鄙视利益,否定对物质的追求,不利于人的全面发展,在某种程度上萎缩了民族的进取意识,造成了一定的负面效应。

三、英语教学中的社交文化差异

中西方民族的文化历史背景、审美心理不同,二者之间的文化存在很大的差异。这些文化差异很容易在语言交际中引起交际误解,产生文化冲突。

在英语教学,尤其是口语、听力教学中,教师应给学生讲解社交文化方面的差异,使学生了解文化差异在社交文化中的表现,从而使交际顺利进行。

（一）称谓差异

称谓是对对方的一种称呼。中西方文化背景、风俗习惯等不同,二者所形成的称谓用语系统也不同。

在西方社会,崇尚"人为本,名为用"的价值观。在非正式的交际场合且交际双方关系较为密切时,通常是直呼对方的名字。例如,小孩子不把爷爷奶奶称呼为 grandpa 与 grandma,而是可以直呼其名,以显示亲切。在称呼陌生人时,人们可以单独使用Sir, Miss, Madam。例如,银行、商店、俱乐部的员工,或公共交通车辆上的司乘人员就经常使用 Sir/Madam 来称呼顾客。

此外,在一些较为正式的交际场合,西方人可以使用 Mr./Mrs./Miss+ 姓氏的称谓方式。例如,如果某一成年男子的姓名是 Brian Smith,可称其为 Mr. Smith 或 Mr. Brian Smith;可以称其妻为 Mrs. Smith。

在中国,自古以来就有"重名分,讲人伦"的传统伦理思想。中国人在使用称谓语时,有明显的辈分之分。在中国多数地区,在称呼父母时,不能直呼其名,对老年人更是不能直呼名字。此外,中国人也经常使用亲属关系来称呼邻里街坊,甚至是陌生人。例如:

称呼与自己父母年龄相近的长辈,可用"大伯、大妈"(大娘、伯母)和"大叔、大婶"等。

称呼同辈成年男子时,可用"大哥、老兄"和"兄弟、老弟"等。

称呼同辈成年女子时,可用"姐姐、大姐"和"妹妹、小妹"等。

这些称呼的使用不分地位高低,容易使对方接受,并产生好感,这对交际的顺利进行是十分有利的。

不难看出,中西方的称谓语存在很大差异。学生只有了解这些差异,在语言交际中使用正确的称谓用语,才能达到交际的目的。

（二）问候差异

西方人在见面时习惯说一些纯属客套的问候语。例如:

Good morning/afternoon/evening!

How are you?

How are you doing?

How is everything?

It's a lovely day, isn't it?

中国人见面时,常以对方的动向或处境为关注点来发问,如

"上哪去？""吃过了吗？"这些问题在英美人看来都是个人私事，不能随便询问。如果将这些问候用语直接译为英文"Where are you going?""Have you eaten yet?"容易使英美人产生误解。"Where are you going?"可能会引起对方的不快，因此他们很有可能会产生这样的反应："It's none of your business."

（三）邀请差异

在不同社会不同群体中，均存在邀请这一现象。中西方文化不同，对"邀请"这一言语行为的社会规范也不同，使用的邀请用语也不同。

在西方社会，正式社交活动都会采用书面的形式向客人发出邀请；对诸如周末聚会、野餐等非正式的社交活动，他们一般会打电话告知客人，也可以见面的时候口头邀请。

西方人发邀请时，十分看重对方的意见。例如，美国人发邀请时，常说"Would you like to..."或"come if you want to"等，给对方选择的自由。这样的邀请在中国人看来是不诚恳的。中国人在邀请别人时，经常使用"不见不散""一定要来啊"等话语，而且要反复说几次，以示诚意。

此外，如果去饭店吃饭，根据中国人的习俗，通常是由邀请人付账，但是英美人的习惯不同。对英美人而言，约朋友到饭店吃饭，吃完饭各付各的钱是很普遍的现象。如果对方说"Let's eat together"就暗示"going Dutch"；如果对方说"I'll take you to dinner"则表示对方付钱。

（四）致谢差异

在英语国家，几乎在任何场合、任何关系中，人们都可以使用"Thank you"表示感谢。此外，英语国家的人表达谢意时常用这样的致谢语，"Thanks""Thanks a lot""Thank you very much"等。

中国人在表达谢意时常用"谢谢""多谢""非常感谢"等表达。

与西方人不同,中国人在以下几种场合中通常不用致谢。

（1）在中国,父母与子女、夫妻之间、兄弟姐妹之间、亲密朋友之间,一般不需要表达感谢。

（2）事情属于职责、义务范围内时,不用致谢。如果这样的情况下表示感谢,会让对方觉得别扭。

（3）面对赞扬,通常不用致谢,以免使对方觉得自己不谦虚。

此外,在交际中,对于别人的致谢,要进行答谢,以示礼貌,维系人际关系。英汉两种语言中常用的答谢语也有所区别。英语中常用答谢语,如"Not at all""Don't mention it""You're welcome""It's my pleasure"。汉语中常用答谢语,如"不用谢""别客气""没什么""别这么说""过奖了! 这是我应该做的"。[①]

（五）告别差异

中西方在与客人告别的方式、所使用的语言方面都存在很大的差异。

在英美国家,人们在告别时通常会微微一笑,说一些简单的告别用语,如"Good-bye""Bye-bye""Take care""See you later"等。

中国人在告别时往往将客人送到家门口、楼下门洞、马路上,客人一般会对主人说"请留步。"主人则会说"慢走""路上慢点""再来啊"等。但是,如果将这些话语直接译为英语,如"Walk slowly""Go slowly""Come again"等,不符合英美人的习惯。

（六）道歉差异

不同的文化对"道歉"这一言语行为的规范有所不同。中西方在道歉方面的差异有以下体现。

---

① 吴为善, 严慧仙.跨文化交际概论 [M].北京: 商务印书馆, 2009: 145-146.

1. 使用频率

中国人对集体和谐非常注重。在交际中,中国人习惯"大事化小,小事化了",从而尽可能地避免发生冲突,维护双方面子。由于冲突较少,所以中国人在交往过程中道歉的频率也较低。

西方人对个人意见与差异尤为重视。他们认为,适当程度的冲突是一种积极的行为,人与人之间的冲突难以避免,所以道歉频率相对较高。

2. 道歉策略

中西方对某些语境采取的道歉策略也存在差异。例如,在中国文化中,一些无法控制的行为如打嗝、打喷嚏、咳嗽等,被视为正常的事情,无须为此道歉。与之不同,西方人则认为这些行为显得不礼貌,所以要说"Excuse me"。

（七）赞扬差异

中西方在赞扬时也不尽相同。

英美人在赞扬别人时,通常希望别人以爽快的方式或道谢来做出回应。因此,英美人在接受别人的赞扬时,常回答"Thank you""Thank you for saying so"等。

诸如下面的对话在英语中是很常见的。例如:

A：It's a wonderful dish!

B：I'm glad you like it.

A：You can speak very good French.

B：Thank you.

中国人认为谦虚是一种美德,因此在面对别人的赞扬时,往往会说一些谦虚的话语。例如:

——您的英语讲得真好。

——哪里,哪里。/哦,不行,不行。

中国人这样的谦虚回答容易使英美人产生误解,认为对方是在怀疑自己的判断力。

第二节　文化差异对英语教学的影响

一、文化差异对英语教学理念的影响

传统的中国教学采取的都是以教师讲授语言知识为主的教学,在英语教学中体现得尤为明显。中国文化观念思维模式根深蒂固,所以我国的英语教学中,大多是以教师讲授为主,以语法—翻译的教学模式进行英语教学,这对于学生自主学习能力、跨文化交际能力以及综合应用能力的培养极其不利。

实际上,外语教育既是语言教学,更是文化教学。受中西文化差异影响,英语教学不仅是语言教学,更是文化教学,教师除了要讲授语言知识之外,更要注意语言的社会性、文化性、发展性和交际性。英语首先是一门语言,其次是一门学科。所以,英语的社会性、文化性、发展性和交际性比其知识性与学科性更重要。

（一）社会性要求英语教学关注社会生活

语言习得是一种条件反射,主要取决于学生的已有经历、交往行为和交往中吸收的信息。根据认知主义的观点,交际者新吸收的信息会与原有的图式发生一定的反应,若二者相符,会形成"同化",若二者不符,则形成"顺应"。例如,学生所接触的外国人的语言表达方式和自己的表达方式相符时,他就会巩固这种方式;当学生接触的外国人的语言表达方式和自己的表达方式不符时,他则会对自己已有的图式加以调整,以符合外国人的表达方式。

在英语教学中,教师除了讲授语言知识,还应关注社会生活方面的信息,具体可以从以下四点入手。

（1）采用来源于原版书籍、报刊的真实的原版教材。

（2）设计真实的英语情境,可采用计算机、录像机、电影等方式进行。

（3）与外国人自由交流。

（4）接触真实的国外生活。

（二）文化性要求外语教学理解文化特征

语言与文化关系密切,语言是文化的重要组成部分,也在反映着文化。英语教学是语言教学,更是文化教学。

基于跨文化理论的英语教学是真实的文化教学,其对文化的理解是有意义的。文化应该被纳入整个与之相关的"意念表达"中。"意念表达"主要体现在两个方面:思维与交际。

1. 思维

特定的文化孕育着特定的思维,所以文化知识就是理解隐喻的核心。在英语教学中,教师应注意对学生的隐喻思维进行培养,使其能使用并创造相似的隐喻。

2. 交际

真正的交际教学体现着文化,即使真正的文化教学不一定是交际教学。"传统教学法对文化理解存在偏差,所以是虚空的交际教学。"[1]

（三）发展性要求外语教学鼓励个体创造

社会的发展性对语言的发展性起着决定性的作用。学生学习语言实际上是将新的语言文化结构纳入已有结构中并产生同化和顺应。新的语言表达不断出现,因此英语教学相应地也需要

---

[1] 王红梅,谢之君.创造相似性的隐喻·文化·教学[J].湖南农业大学学报,2004,（5）：88.

顺应语言的发展性。语言具有鲜明的社会性特征,但语言运用属于个人的行为,英语教学要注意激发个体创造。

根据乔姆斯基(Chomsky)的普遍语法理论,儿童习得语言的能力是天赋。有的学生在英语学习上存在困难,可能是因为英语教学未能激发学生的天赋,阻碍了学生个性的发展。

个体创造对语言发展具有积极的促进作用。英语教师应鼓励个体创造,尊重学生的个体学习方式,发展学生不断建构计划的能力。具体可从以下四点入手。

(1)以学生为中心,对学生的内在需要和情感予以充分考虑。

(2)激发学生的创造动机,并将其维持下去。

(3)利用问题情境和问题解决模式。教师创造情境,使学生在其中构建知识。

(4)引导学生进行自我创造表演。在角色扮演过程中,学生尽可能使用自己创造的语言,来展现国外的生活方式。

(四)交际性要求外语教学尊重自我经验

在英语教学中,教师还应对学生个体的自我经验予以关注,具体做到以下三个方面。

1.用"沉浸法"实现意义表达

沉浸法是用英语对各门学科展开学习,从而使其他学科的教学也与英语教学有关。学科教学主要是为了表达意义,这为学生实现意义表达提供了真实的语言环境。

2.用"全身反应法"降低表达焦虑

"全身反应法"具有自身的特点,具体表现为以下几点。

(1)通过"以言行事"的语言功能使焦虑得以降低。

(2)认为听在英语习得过程中十分重要,认为听先于说。

(3)为学生提供可理解的"输入"。

3. 对学生的语言表达错误持宽容态度

英语教学的最终目的在于对学生的交际能力进行培养,所以教师就要引导学生注意语言表达意义,而非形式,学生出现语言表达错误是难以避免的,教师对此应持宽容的态度。

二、文化差异对英语语言教学本身的影响

由于文化背景不同,英汉两种语言本身也呈现出很大的差异。英语教师应关注这些差异,在英语教学过程中,从词汇、句法以及语篇层面讲解英汉语言的差异,从而使学生了解两种语言的深层差异,夯实英语基础。

例如,词语文化意义的差别。从文化研究的角度看,词语的意义可分为语言意义和文化意义。词语文化意义的形成主要由民族心理、民族审美观和价值观所决定。英汉词汇文化意义的差异主要体现为词汇的非对应性和词汇的不同联想。因此,英语词汇教学除了讲授语言知识,还应涉及相关的文化知识,既让学生掌握词汇的意义和使用规则,还能让学生了解词汇的文化意义,同时在日常的交际中正确使用。

英汉语言在句法与语篇方面的差异也很大,所以英语教师应帮助学生了解英汉句法与语篇的差异,以及差异的根本原因,使学生知其然也知其所以然,使学习效果得到有效提高。

第三节　基于跨文化理论的英语教学的本质与任务

一、基于跨文化理论的英语教学的本质

基于跨文化理论的英语教学的本质具体体现为以下三个方面:帮助学生树立多元化意识、发展学生的批判性思维以及为学生创造学习异质文化的机会。

（一）帮助学生树立多元文化意识

了解世界文化的多样性,建立多元文化的概念。由于世界构成群体的多元文化特征,不同的文化有其产生和发展的背景,且不可替代。在全球化背景下,各文化群体间的交流日益频繁,尊重并理解异质文化,可以避免文化冲突,实现平等交往,促进合作。

在基于跨文化理论的英语教学中,培养学生对不同文化积极理解的态度,有利于学生对自身的文化有更深的理解,从而对各自的文化特性有清晰的认识,以开放的心态对待世界文化的多样性和多元化。

（二）发展学生的批判性思维

基于跨文化理论的英语教学应注重对学生批判性思维进行培养,引导学生反思本国文化。学生充分利用多元文化的优势发现隐藏在文化现象之下的预定性假设,进而反思自己的文化形成,确立自己的价值观念、行为方式等,促使个人文化观的形成。

多元文化教育也是学校教育的一部分,并与国家的教育目的相一致,多元文化教育在理解和尊重异质文化的过程中,也实现了对自身文化更为深刻的理解和发展。

（三）为学生创造学习异质文化的机会

当两种文化进行了解和接触的过程中,不可避免地会出现两种文化的冲击和碰撞,并且会产生一定的不适应。因此,在基于跨文化理论的英语教学中,教师应该努力帮助学生克服这一点,为学生创造更多学习异质文化的机会,从而不断提升和培养学生的跨文化适应能力。

二、基于跨文化理论的英语教学的任务

我国需要在跨文化理论的英语教学的基础上,从自身的经验出发,对如何开展基于跨文化理论的英语教学提出合理化的任务和目标,具体体现在以下四个方面。

（1）文化背景。世界文化是由不同文化群体构成的,各种文化都存在自身的发展背景,同时涉及各类文化问题,这就要求基于跨文化理论的英语教学应帮助学生理解这些文化背景。

（2）本土文化。跨文化学习是学生重新看待本土文化的基础,因此基于跨文化理论的英语教学应引导学生对本土文化进行反思,发展自身的批判性思维,提高学生的文化认知高度。

（3）文化差异。中西文化存在巨大的差异,所以基于跨文化理论的英语教学应该帮助学生尊重和理解中西方文化的差异,避免产生文化冲突。同时,引导学生对不同文化进行肯定和接纳,实现不同文化的平等交往。

（4）文化价值。每一个国家、民族都有其独特性,因此基于跨文化理论的英语教学应帮助学生了解多种文化,引导学生主动发现多种文化中的共同性,以及多种文化对美好生活的追求,以开放的心态去认识世界和自我,发现多元文化的价值。

基于上述任务,英语教师需要做到以下四个方面。

（一）熟悉基于跨文化理论的英语教学目标

教学目标的确定基本上属于一种政府行为,一般是由政府教育机构发起,委托数名专家组成项目组进行调查研究,提交报告,最后再由教育部门审定和颁布,并监督实施。教学目标的确定受社会文化和政治经济等客观环境的影响,虽然基于跨文化理论的英语教学的本质特点适用于任何国家和地区,但是其教学目标和标准以及教学方法在美国和欧洲可能有所不同。同样,在中国的国情下,基于跨文化理论的英语教学也应该具有自身特色,不能一味模仿,全盘照搬西方国家的做法。结合我国英语教学的特点,基于跨文化理论的英语教学的目标应包括知识、能力以及态度层面。

（二）掌握基于跨文化理论的英语教学内容

基于跨文化理论的英语教学的目的包括知识、能力以及态度三个层面，因此教学内容也应该全面考虑学生这三方面的需要。基于跨文化理论的英语教学内容具体如表 3-1 所示。

表 3-1　英语教学的内容

英语教学	目的语言教学	语言意识
		语言知识
		语言使用
	目的文化教学	文化意识
		文化知识
		文化交流
	其他文化教学	
	跨文化交际能力培养	跨文化意识
		跨文化交际能力
		跨文化交际实践
		跨文化研究方法

（资料来源：张红玲，2007）

基于跨文化理论的英语教学内容包括四个方面：目的语言、目的文化、其他文化和跨文化交际能力。

通过对目的语言和目的文化的学习，学生能够掌握目的语言知识，并能使用该语言与目的语言群体进行有效交际。

文化的教学是基于跨文化理论的英语教学不同于其他以文化为基础的英语教学的特点。如果英语教学完全排除其他文化的内容，会使学生徘徊于本族文化和目的文化之间，忽略了其他文化的存在，对学生跨文化意识的培养不利。

跨文化交际能力的培养包含跨文化意识培养、跨文化交际能力、跨文化交际实践以及跨文化研究方法的教学。

这四个方面的教学内容并不是各自独立的，它们存在密切的关系，相互作用，相互渗透。

（三）构建基于跨文化理论的英语教学模式

随着英语教学的发展,外语教育者开始更加关注英语的文化内涵,深知在英语教学中进行文化交际素质培养的重要性。构建基于跨文化理论的英语教学模式具体是要构建一种"交际—结构—跨文化"的模式。

1. 交际体验

交际体验要使学生掌握一定的交际功能,通过外语进行日常生活的交际。交际能力是人为了不断平衡环境而进行的自我调节机制。通过外语课堂的交际体验能够提升学生的交际能力。交际中交际双方需要一定的语言交际环境为基础,对交际双方的背景有所熟知,以上述因素为根据,发挥自身的交际技能。

我国的英语课堂教学需要营造师生共同交际体验的教学环境,形成一种双向的跨文化传播与交际方式。

2. 结构学习

结构学习以语言技巧的训练为目标,将语言结构作为教学重点,主要利用英语进行教学。语言带有自身的系统性,语言学习和教学应该利用这种系统性,发现学习和教学中的规律,展开结构性学习方式。

结构学习需要注意以下几个方面。

（1）培养学生的英语结构运用能力。

（2）培养学生的词汇选择与创造力。

（3）培养学生组词成句、组句成文的能力。

（4）培养学生在不同语言环境下进行交际的能力。

3. 跨文化意识

跨文化意识将了解文化知识作为目标,重视文化习俗的教学,利用外语进行教学。要具备英语文化知识,学生既要了解英语国家的历史和文化活动,研读相关文学作品,也要注意了解英语民族的生活习惯与方式,形成学习英语国家文化的兴趣。长此以往,英语教学就会变成一种文化探索,有利于激发文化交际学习的乐趣,提升学习的效果。

"交际—结构—跨文化"的模式要求整个英语教学过程都贯穿中西文化的对比与总结,以培养和提高学生的跨文化交际意识。

"交际—结构—跨文化"的模式是一种十分符合中国人的外语教学模式。中国大多数学生在英语学习中都是以汉语思维和认知方式进行,这种认知方式不符合英语学习的规律性。心理学认为,事物相异性越大,越能刺激人类的记忆。"交际—结构—跨文化"的模式能够从英语学习的全过程进行认知方面的刺激,在教学的各个阶段都有利于培养学生的目的语思维模式。

（四）实施英语教学跨文化训练

根据布里施林(Brislin)的观点,跨文化训练包括以下方式。[①]

（1）以提供信息为主的训练,如讲座、演讲等。

（2）以原因分析为主的训练,如重大事件讨论。

（3）以提高文化敏感的训练。

（4）改变认知行为的训练。

（5）体验型训练,如角色扮演。

（6）互动式训练,如跨文化交往。

在基于跨文化理论的英语教学实践中,教师可以根据具体教学情况灵活使用上述几种训练方式,以提高学生的文化敏感度与跨文化交际技巧。

总之,基于跨文化理论的英语教学是时代发展对英语教学的要求,也是英语人才培养的必然发展途径,需要师生共同努力,以提升教学与学习的效果,培养并提高学生的跨文化交际能力与综合应用能力。

---

① 胡文仲. 跨文化交际概论 [M]. 北京: 外语教学与研究出版社, 1998: 193-195.

第四章　基于跨文化理论的英语
词汇、语法教学

作为一门国际通用语言,使用英语的国家和人群间必然在文化上存在巨大差异。因此,在英语教学过程中,需要对学生进行基于跨文化理论的英语教学,从而使学生在面对不同文化和语言习惯的人群时,可以使用流利的英语进行双向交流。英语词汇和语法是英语语言的两个基本要素,本章重点研究基于跨文化理论的英语词汇、语法教学。

第一节　基于跨文化理论的英语词汇教学

一、英语词汇教学简述

（一）词的含义

关于词的含义,始终都难以准确界定。

哈特曼和斯托克（Hartmann & Stork,1981）在探讨词的含义时曾说:"词作为语言学上的一个单位,要给它下一个定义比较困难。"他们指出,词是能够单独用于构成句子或话语的最小单位,词至少要由一个自由词素组成。尽管如此,也会出现一些边缘情况,如 a, the 几乎不可单独构成句子或话语。汪榕培和李冬（1983）为词下的定义是:"词是能独立运用的、最小的、有语义的语言单位。"基于此,book 和 books 均是可以独立运用的、最小的、有语义的语言单位,即它们均属于词。但是,通常,人们不会将 books 看作一个单独的词,而是将其看成 book 的一种变化形式。胡壮麟(2003)在研究"什么是词"时,也认为为词下一个准确的定义是很难的。他总结了词的三种定义。其一,词是介于两个停顿或空格之间的音符串或字符串。例如,"I am a teacher."共包含四个词。然而,如果将 I 和 am 缩写为 I'm,那么"I'm a teacher"中应包含四个还是三个词呢? I'm 之间没有停顿或者空格,基于上述定义,I'm 仅为一个词,而非两个词。其二,词是一组形式潜在的共核。这里的一组形式即一组同根的词。例如,book 和 books 为一组同根词;work,works,worked 和 working 也为一组同根词。在词频统计中,book 和 books 被看成两个词;work,works,worked 和 working 被看成四个词。但在英语词典中,book 和 books 则被归为一个词,或是一个词的两种形式;work,works,worked 和 working 也被归成一个词。这个词就是作为它们共核的根词。词在这种情况下,就被界定为"词条",包括一个词的根词形式和各种变体。其三,词是介于词素与词组之间的语法单位。此定义存在一个循环定义的问题,因为一些词素本身也可以作词,如 horse、red、write 等,甚至包括 word 一词。

综上所述可知,词并非一个简单的概念。词是一个兼具形式和意义双重特征的语言单位。在日常的语言交际中,我们接触的是词的形式,联想的是词的意义。例如,我们看到的是 book,听到的是 /bʊk/,想到的是一本充满文字的印刷物。正如索绪尔(Ferdinand de Saussure)所说,词的形式是能指,词的意义是所指。word 一词既用于指具有形式与意义双重特征并可以独立使用的最小语言单位,又用于指这个最小语言单位的表现形式。因此,很多英美人士在探讨 word 时,就特别纠结。例如,Read(2000)在撰写 *Assessing Vocabulary* 一书时,就纠结于要用哪些词表达词的概念。词的英文表达有 vocabulary、word、lexicon、lexis 与 lexical item。最终索绪尔用 vocabulary 做话题词,用 word 指语言单位,用 word form 指代词的形式。对此,汉语似乎比英语更为高明,因为汉语用"字"与"词"两个概念对形式及形式与意义的组合体进行了区分。"字"是语言单位的记录符号,加载了意义的"字"是词。"词符"或"字符"特指词的形式;用"词"指具有形式与意义双重特征并可以独立使用的最小语言单位,也用它泛指任何这样的单位。

一种语言中所有词的总和称为"词汇"(vocabulary),如英语词汇、汉语词汇。"词汇"一词也用于指某个特定范围内的全部单词,如法律词汇、科技词汇、医学词汇等;或用于指人们掌握和使用的一门语言中的单词数量。

（二）英语词汇教学的地位

词汇教学是外语教学的一个重要部分,又是外语教学中的重要环节。

20 世纪中叶,随着语法翻译法和视听法相继衰落,语法教学逐渐退出历史舞台,一些以意义理解为目的、以交际活动为形式、以学生自身为中心的教学方法开始兴起。交际教学法的产生可以说是划分了英语教学时代:交际教学法前是语法教学的时代,而交际教学法后则为词汇教学的时代。

在词汇教学时代,越来越多的人开始意识到词汇在外语教育中的重要作用。只有先学习与研究词汇,才能使语言表达更有效、纯洁。

语音、语法和词汇是构成英语语言的三个要素。而词汇则是语音和语法的载体,是构成语言大厦的建筑材料。对于外语学习来说,如果词汇量不足,将难以有效地进行听、说、读、写、译,交际也就无从说起。因此,掌握足够的词汇是成功运用外语的关键。

对于外语学习者而言,词汇是重点,也是难点。与语音、语法相比,词汇的变化形式更多。历史的演变、科学技术的进步以及其他语言的影响等都可能会使词汇发生改变。而英语一词多义的现象则是学习者外语学习中的一大障碍。目前,词汇对于外语教学中的重要性越来越突出,无论是高等学校英语应用能力 A、B

级考试,还是大学英语四、六级考试,研究生英语考试或其他英语测试,如托福、GRE、GMAT 或雅思考试,都有一定比例的词汇试题。相关研究显示,英语词汇量与学生的英语成绩具有很大的相关性。

目前,外语学界所关注的热点话题之一就是:如何帮助学生巧妙记忆词汇,提高词汇教学效率,促进学生的语言学习。他们投入词汇教学研究,学习并发现新的观念,改进、激活词汇教学,研究新的教学方法,积极反思,旨在提高外语教学质量。具休来说,词汇教学有着如下几个意义。

1. 有利于提高学生口语表达的流利性

鲍林格(Dwight L. Bolinger,1975)认为,多数话语都是储存在记忆中的预制语块,所以语言运用常出现重复的现象,并不总是创造性临时根据特定的语法规则将单个词组合起来。

从一个方面来看,这些预制语块往往是约定俗成的表达,有利于减少文化差异给口语带来的语用失误,所以使用广泛;从另一个方面来看,这些预制语块还有利于减轻信息处理的压力,使口语表达更流畅。例如,英语国家的人受到别人的表扬、赞美时,回应时一般用 "Thank you"。若学生熟悉该套语,可有效避免受汉语思维中的自谦语影响而产生语用失误,并想到相对应的对话进而自动地做出反应。

2. 有利于提高学生的语篇理解能力

无论在口语交际还是书面语表达中,发话人在表达自己讲话的思路时,往往会使用语篇标示词。这些标示词属于预制语块的范畴,有自身鲜明的特点。

例如,在外语教学中,如果听到教师说 in a word, to sum up, as a result 等语块时,学生就知道教师要做总结;如果听到教师说 "Let me start with..." "Let's start our class, what I would like to do is..." 等语块时,学生就会知道教师要开始课堂教学了。借助这些常用交际语块,学生的交际能力、语篇理解能力以及听力能力会有明显的提升。可见,词汇教学可以为外语教学与学生外语技能的提高奠定良好的基础。

3. 有利于提高学生的外语综合能力

作为语言的基本材料,词汇是一切语言活动的基础。因此,离开了词汇的系统学习,外语教学活动中的听、说、读、写等其他基本语言交际活动则难以正常进行。由此可见词汇在外语教学中的重要性。可以说,词汇教学将直接影响外语教学的成败。

(三)英语词汇教学的内容

1. 词义

词义是随着社会的变化而不断变化的,但不是固定不变的。一些词汇在不同时期,其词义也不同。因此,在英语词汇教学中,教师应该先让学生清楚词的含义。然而,一个单词的含义在很多情况下是受语境影响的,这就需要教师在词汇教学中根据词汇的特点和具体的语境运用恰当的教学手段,让学生了解词汇及其词义的转变,明白词义是随着时间的变迁、社会的发展而不断变化发展的。

2. 词汇信息

词汇信息具体涉及词的分类、构词法及单词的发音、拼写等。这些信息不仅是教师在词汇教学过程中要讲授的基本信息,而且是学生词汇学习应掌握的最基本内容。学生只有清楚掌握每个词汇的基本信息,才能全面地掌握词汇,从而更好地学习短语、搭配和句法等。

(1)词的分类。词类也称"词性",英语单词根据词义、句法作用与形式特征及在句子中的作用,可以分为如下十类。

其一,名词。名词是用于表示人或事物的名称的词。

其二,动词。动词是用于表达动物或状态的词。

其三,形容词。形容词是表示人或事物的性质或特征的词。

其四,数词。数词是表示数目多少和顺序的词。

其五,冠词。冠词是用在名词前帮助说明名词所指的人或物的词。

其六,代词。代词是代替名词和数词等的词。

其七,副词。副词是表示动作特征或形状特征的词。

其八,介词。介词是用在名词、代词之前说明与别的词之间关系的词。

其九,连词。连词是用来连接词与词、短语与短语或句与句的词。

其十,感叹词。感叹词是表示说话时感情或口气的词。

(2)构词法。主要的英语构词法有如下三种。

其一,合成法。通过合成法可以创造一些新的词,就是"合成词"。具体而言,合成词是指将两个或两个以上的单词合成在一起而构成的新词。

其二,派生法。所谓派生法,是指在词根上加前缀或后缀构成另一个与原义稍有不同或截然相反的词。

英语前缀一般不会改变词性,仅改变词义。

表示否定意义的前缀,例如:

dis-,如 disagree 不同意。

un-,如 unhappy 不高兴的。

in-/im-,如 incorrect 不正确的。

ir-,用于以 r 开头的单词,如 irregular 不规则的。

il-,用于以 l 开头的单词,如 illegal 不合法的。

mis-,如 misuse 错用。

non-,如 non-smoker 非吸烟者。

表示其他意义的前缀:

a- 表示"的",可以构成表语形容词,如 alone 单独的,alike 相像的。

re- 表示"再;又;重",如 rewrite 重写。

tele- 表示"远程的",如 telephone 电话。

en- 表示"使",如 enlarge 扩大。

inter- 表示"关系",如 Internet 因特网。

英语后缀一般会改变词性,通常可以构成意思相近的其他词性的词;能改变词义的后缀只有少数。

形容词后缀:

-ful,如 care → careful 小心的。

-less 表示否定,如 use → useless 无用的。

-ly,如 year → yearly 每年的。

-ous,如 famous 著名的。

-ish,如 selfish 自私的。

-en,如 wooden 木制的。

-ive,如 collective 集体的。

动词后缀:

-fy,如 beauty → beautify 美化。

-en,如 sharp → sharpen 削。

副词后缀:

-ward 表示"方向",如 eastwar 向东。

名词后缀:

-ment,如 moves → movement 运动。

-ness,如 busy → business 事务。

-tion,如 dictate → dictation 听写。

-er 表示"人",如 buy → buyer 买主。

-or 表示"人",如 sail → sailor 海员。

-ist 表示"人",如 science → scientist 科学家。

-ess 表示"人或动物",如 lioness 母狮子。

-ful 表示"量",如 handful 一把。

-th 表示,如 long → length 长度。

数词后缀:

-th 构成序数词,如 six → sixth 第六。

其三,转化法。英语中的词性非常活跃,如名词可以转换成动词,动词可以转换成名词,形容词可以转换成动词等,这种将一种词性用作另一种词性的方式叫作"词性的转化"。

动词转化为名词。例如：

Let me have a try.

让我试一试。

名词转化为动词。例如：

It can seat 1,000 people.

它能容纳 1 000 人。

We will back you up.

我们将做你的后盾。

They lunched at the hotel.

他们在宾馆吃了午饭。

His hair is beginning to grey.

他的头发开始变得花白。

3. 词汇的用法

词汇的用法涉及词汇的搭配、短语、习语、风格和语域。例如,我们经常会用 hot 形容热,但它只是书面语中的用法,如果在口语中它就会有不同的意思,如"That is a hot guy"中的 hot 形容一个人身材或是长相很吸引人。

其中,词汇搭配的学习十分重要。在具体的语境中,一个词往往要求和某些特定的词汇搭配。例如,allow,permit,consider,suggest 等这类动词后不能接不定式,只能接动名词。此外,有些词组是固定搭配,不能混用。例如,out of question 的意思是"没问题", out of the question 的意思是"不可能",二者结构相似,但意义却有很大差别。

搭配一般分为两种：词汇搭配和语法搭配。词汇搭配是实词与实词的结合,动词 + 名词,形容词 + 名词；语法搭配是实词与虚词的结合,动词 + 介词,介词 + 名词,形容词 + 介词。

英语习语不同于自由短语词组。自由短语词组可以从其组成部分的字面意义来判定其释义。英语习语有两个特征：一是语义的统一性；二是结构的固定性。习语是一种固定的词组，它的语义是不可分割的整体，其整体意义一般是无法通过组成习语的各个词汇意义猜出的。从结构上说，习语有一定的完整性，它的每个部分都是固定的，不可随意拆分或者替换。因为习语都是经过长期的历史考验以及人们反复的使用而最终确定下来的，所以不可随意变动。

英语中的一词多义现象极为常见。在诸多语言中，英语因为其语义繁多而著称。从社会语言学角度说，词义的变化受社会的影响极大。通常，在社会的不断发展和变迁中，总会出现一些新事物、新思想、新观念。为了准确表达社会的变化与发展，所属语言就会不断创造新词、向其他语言借词、为原有的词增加新义。不管语言创造或者从其他语言中借用了多少词，词汇的总量都是一个有限集，所以不会出现一个单词只有一个义项的情况，而是要一个词义引申出一些其他意思。同时，一个单词的词义也不是一成不变的，而是会随着客观世界的变化发展而不断变化。从某种层面上说，词义变化的过程也是产生一词多义的过程。这主要是因为语言在发展过程中一些词的旧词义会逐渐消亡，产生新词，词义并不是单纯产生的。但是更多时候，新词义与旧词义是同时存在的，此时就有了一词多义现象。

对多义词理解的信息处理过程并非一个简单的信息解码和解码过程，也不是简单寻找原型意义与原型特征的过程，而是人们在各自认知能力的基础之上，根据认知语境对多义词不同程度的语用加工。多义词的选择与理解其实是在经过语用充实之后，其原型意义在一定语境下的收缩或扩充。在关联理论中，就是交际中的听话者根据特定的语境，对多义词的关联特定进行选择且付出认知努力，从而构建最佳关联的语用推理过程。

4.词法

词法即各类词的不同用法。例如，不可数名词之前不可出现不定冠词或者数词,不同介词的不同搭配方法,以及同一介词和不同词汇连接,其连接词因为语境或语法原因形式变化不同等。教师应该在指导学生在了解英语构词规律的基础之上,熟悉英语词法的一些基本理论,引导学生在感性记忆词汇的同时强化对其理性的认识。

下面简单介绍英语的词法知识。

(1)英语中的名词分为可数名词和不可数名词。一般抽象名词都是不可数名词而非抽象名词为可数名词。例如,water,milk,air。有的抽象名词是否可数要根据其在句子中的具体含义而定。例如,difficulty 如果在句子中为"困难",则为不可数,若在句子中指的是"困难的事",则为可数名词。和它有相同情况的词还有 experience,interest,government 等。名词的复数形式一般要在名词的后边加 –s 或 –es 来表示复数概念。

(2)英语的动词可以分为及物动词和不及物动词。及物动词的后面必须要加宾语其意义才完整。例如:

quiet sb's fears 消除某人的疑虑

quell fears 消除恐惧

squash a revolt 平定叛乱

squelch the tendencies 制止某种倾向

to form a habit 形成习惯

to develop a film 冲洗胶卷

to study a map 查地图

to inherit the tradition 继承传统

不及物动词后面不可直接接宾语,一般要加介词后再接宾语。

to look for 寻找

to look at 看

to look forward to 渴望,盼望着

to pay for 赔偿

动词后可以接不定式或动词 ing 形式做宾语。

只用不定式作宾语:hope,plan,want,decide,learn,choose 等。

只能用动词 ing 形式作宾语：understand, admit, appreciate, delay, consider, give up, practice, miss 等。

既可接动词不定式又可接动词 ing 形式：love, like, hate, forget, mean, stop, try, go on 等。

（3）英语中的形容词的位置是相对较为固定的。形容词一般修饰名词。形容词修饰名词时一般放在名词的前面。例如：

That is a red apple.

那是个红苹果。

He is a kindhearted man.

他是一个热心的人。

I want to buy some new books.

我想买一些新书。

以上的三个例子中的 red, kindhearted, new 都是形容词，用于修饰其后边的名词，位置都在名词的前面。

（4）副词用来修饰动词或形容词，它的位置较为灵活，副词作修饰语时，可以紧跟在所修饰动词的后边，有的副词也可以放到修饰词的前面，或一个句子的开头和结尾。

She wept sadly.

她伤心地哭了。

Unfortunately, he didn't pass the final examination.

很不幸，他没能通过期末考试。

Fortunately, he seized the opportunity.

幸运的是，他抓住了这次机会。

He quickly ran out of the room.

他飞快地跑出了屋子。

He runs very fast.

他跑得很快。

以上五个例句中，前四个句子都是副词修饰动词的情况。sadly 是放在动词之后的；Unfortunately 和 Fortunately 是放在句子开头的；quickly 是放在动词之前的；最后一个例句中的 very

是用来修饰形容词的,并且放在形容词之前。

5.词汇学习策略

词汇教学的目的不仅是要传授一些词汇知识,更重要的是培养学生的学习能力,使其掌握学习的技巧,从而形成终身学习的能力。因此,英语词汇教学必须重视对学生词汇记忆和学习能力的培养。

(四)英语词汇教学的原则

对英语词汇教学的要求,《英语课程标准》曾明文指出,"从运用的角度出发学习词汇;重视常用词汇的搭配、辨异、文化内涵等学习指导,提高学生认知和灵活运用词汇的能力;指导学生掌握词汇学习和记忆策略的方法。提倡在语篇中学习和记忆词汇,提高词汇学习效率,避免孤立地死记硬背词汇。"根据上述要求可以将我国英语词汇教学的原则总结为以下五个方面。

1.循序渐进原则

循序渐进原则是指英语词汇教学应该在数量和质量平衡的基础上对所教内容逐层加深。

在循序渐进原则的指引下,英语词汇教学并不能单纯追求词汇掌握数量,也应该重视词汇掌握的质量与程度。应该做到在增长词汇数量的基础上,提升词汇使用的熟练程度。

在词汇教学中,质和量是分不开的,词汇越多,词汇之间的联系性与系统性就越强,学生进行词汇巩固的自然度就越高。所谓逐层加深指的是对于词汇的教学不可能一次性教授词汇的所有语义,学生也不可能一次性掌握词汇的全部知识点,因此词汇的教学与学习都应该有一个由浅入深的过程。

综上所述,词汇教学过程一定要避免急于求成。教师要在教学中让学生不断掌握每一个词的音、形、义、用,教学有一定的质量和效果,不断推进与加深程度,不断提升英语词汇教学质量,并使学生在点滴中提升词汇学习的效果。

2. 词汇呈现原则

词汇教学过程中,词汇的呈现是首要步骤。由于词汇呈现能够给学习者留下词汇的第一印象,因此在很大程度上影响着学生词汇学习的兴趣。鉴于这一点,词汇教学过程中应该遵循词汇呈现原则,坚持呈现的情境性、趣味性和直观性。

情境性指的是在词汇呈现过程中将词汇置于一定的情境当中,让学生在不同的情境中了解词汇的意义。趣味性指的是词汇呈现可以采用多种方式与多种形式进行,从而吸引学生的词汇学习兴趣。直观性原则只针对物质性名词,教师可以利用实物、道具等展示具体词汇。

词汇呈现对后续词汇教学与吸收有着重要的影响,教师可以从具体的学生情况、教学条件等角度出发,丰富词汇呈现方式。

3. 回顾拓展原则

回顾拓展原则是对之前词汇教学的深化。在具体的教学过程中需要教师结合新教授词汇和已教授词汇进行教学,从而夯实学生词汇掌握效果,同时让学生接触新的词汇知识。

需要注意的是,词汇知识的回顾是为了词汇的拓展服务的。教师需要拓宽学生的词汇接触面,增强学生对词汇的理解程度,在原有词汇基础上提升学生的语言运用能力。

词汇教学过程中教师需要把握好回顾拓展原则的界限,教学的进行需要考虑学生的具体词汇接受程度,否则无效的词汇拓展只会加深学生理解的难度,降低学生对词汇学习的兴趣。

4. 音、形、义结合原则

一个单词的音、形、义是相互联系、互相影响的,所以词汇教学应将词的发音、词的外部形式和词表达的意义三个方面有机结合起来。在传统的英语词汇教学中,教师过于强调单个词的准确发音,而忽视了词在较大语流中的一些语音特征。事实上,词的发音不仅包括其自身的拼读、重音等语音特点,还包括其在较大的语言序列中的一些语音特征如连读、音变、节奏、语调等。有关词的形式方面的教学指的是对词的结构及规律的教学。与词的发音、外部形式相比,词义在英语教学中显得更为复杂,因为在两种不同语言之间很少有绝对对应的词汇,同一个词在不同语言中可能有不同的意义。

音、形、义是词汇的三大要素。我们可以对词汇的音、形、义进行归类,抓住词汇在音、形、义上的特点,提高单词记忆效率。在记忆词汇的过程中,我们既要将音、形、义作为一个有机结合的统一体进行处理,又要看到三者之间的复杂关系,既有统一的一面,又有不统一的一面。而词汇在音、形、义不统一的现象,就应该是词汇教学的重点。具体来说,对单词可从以下几个方面进行归类。

(1)同音、同形、异义。例如,right 的意思有:右方,权利 *n.*;正确的,右边的 *adj.*;顺利地,立刻 *adv.*;扶直 *vt.*。

同形、异音、异义。例如,excuse/ɪk'skju:s/ 原谅 *v.*,/ɪks'ku: s/借口,托词 *n.*。

同音、异形、异义。例如,two-too,by-buy 等。

但是,有些单词如果孤立地记忆它们的音、形、义,就显得很吃力。如果将它们放在一定句子或词组中,就会好很多,并能提高记忆效率。例如:

There is a museum on the right of our school.

我们学校右边有一座博物馆。

5. 文化性原则

词汇的意义在不同的语言中很少出现完全相同的情况,即使词汇的意义相同,在不同的语言中所表示的意义也是不同的。例如,green 在英语中的意义是指"嫉妒",而在汉语中的意义则是指"自然"。文化的不同也会对词汇的意义理解产生一定的影响,因此在英语词汇教学中我们要遵循文化性原则。

不同语言中的词汇具有相同的概念意义,但是由于文化差异,其在意义和用法上也存在很大的不同。例如,英语中的

intellectual 和汉语中的"知识分子"的意义是一致的,然而由于中西文化的差异,intellectual 的范围比较小,只包括具有较高学术地位的人,如大学教授等;而汉语中的"知识分子"的范围相对较为广泛,指受过大学教育的人,甚至在有些偏远的地区,连接受过中学教育的人都被称为"知识分子"。可见,在词汇教学中除了注重词汇的字面意义,还要引申到词汇的文化层面,探究词汇的深层文化内涵。

二、英语词汇教学中的文化因素

英汉词汇文化的异同是英语词汇教学中必须注意的文化因素。这里主要从三个方面展开分析。

(一)英汉词汇的概念意义相同或相似

同一个词汇在英汉语言中可能有着联想意义和指示意义相同或相似的情况。例如,fox 在英汉语言中既有"狐狸"的意思,又有"奸诈,狡猾"的意义。在英语词汇教学中,当遇到这种词汇时,教师应详细讲解它们的联想意义和指示意义的相同和不同之处。再如,swan 在英汉语言中既有"天鹅"的意思,又有"高雅的人或物"的意思。但是,在英语中,swan 还表示"才华横溢的优秀诗人"。

(二)英汉词汇的概念意义相同但内涵意义不同

即使英汉词汇的概念意义相同或相似,但是因为有些词汇的文化背景不同,而形成了不同的文化内涵。因此,在英语词汇教学中,教师在讲解词汇的概念意义的基础上,也要注意讲解其内涵意义,使学生更准确地使用所学词汇。例如,peasant 一词在英语中主要指素质低下,没受过良好的教育、言行粗鲁的人;但在汉语中仅用来指在农田里劳作、干活的人。再如,politician 在英语中指牟取个人私利、使用诡计、不择手段的政客;但在汉语中仅指从政的人。

（三）只在英汉某种语言有特定文化内涵的词汇

有的词汇在特定的文化中有着特定的文化内涵。比如，英语中一些植物的名称有着独特的联想内涵。例如，英国的 yew（紫杉）通常在墓园中种植的较多，所以含有一种悲哀的情绪。又如，lily（百合花）在西方人看来就是大自然的恩赐，一般用于象征纯洁、高贵、完美无瑕，但这种花在汉语中仅为一种植物的名称。

汉语也常常用植物抒发一些特殊的情感，不同植物的特定形态和习性往往可以引发不同的联想。例如，红豆有相思之意。王维的《相思》："红豆生南国，春来发几枝。愿君多采撷，此物最相思。"可见，诗人赋予红豆一种浓厚的感情色彩。再如，成语"胸有成竹"主要表达坚定的决心和信念，并且"竹"本身也代表崇高、坚定和谦逊的品格和情操。

此外，一些来自古希腊神话、古罗马神话以及汉语文学作品中的词汇有着特定的文化内涵，所以应该基于特定文化背景了解它们的文化内涵。例如，古希腊神话中的 Achilles' heel（阿喀琉斯的脚踵）指致命的弱点。又如，英国小说《大卫·科波菲尔》中的人物 Micawber，主要指没有长远打算，期待好运气的乐天派。

此外，由于文化具有独特性，所以也会出现一种词汇在另一语言背景下属于语义空缺，即"词汇空缺"的现象。这种空缺的词汇常常会使处于另一种文化背景的使用者很费解。例如，英语文化中的 hippie（嬉皮士），montage（蒙太奇）等虽然可以用汉语表达，但一般都是音译或假借而来的，其实在汉语中并没有真正的对应词汇。又如，中国传统文化中的"风水""阴阳""乾坤""观音""炕"等概念在英语中并不存在。对这种词汇，教师必须先明确这一语言现象产生的原因，然后适时导入它们的内涵和用法。

三、跨文化理论下的英语词汇教学方法

（一）文化对比法

受文化背景差异影响，中西文化在诸多层面都存在不同之处，这在词汇上也有明显的体现。同一客观事物在不同的文化中有着不同的文化含义。因此，教师在教授在英汉文化中有着明显差异的词汇时，应将词汇教学与文化教学结合起来，通过文化对比让学生深刻地掌握英汉词汇文化内涵的差异。

具体而言，教师可以从以下四点入手来进行文化对比。

（1）指示意义相同，联想意义部分相同的词汇。在两种不同的文化中，以英汉语言为例，这类词在某些方面会引起不同民族的共同联想，而在其他方面会引起不同的联想。

例如，在教授 lotus（莲）一词时，教师可以采用文化对比的方式，使学生逐渐掌握该单词。在汉语文化中，"莲"是"正直、高雅"的象征，而在英语文化中，lotus 却与懒散有关，如 a lotus life（懒散、悠闲和无忧无虑的生活）。

（2）指示意义相同，联想意义不同或相反的词汇。在不同语言或文化中，同一事物所引起的联系可能存在很大的差异。以颜色词为例，一些颜色词为不同语言或文化共有，但是它们的文化内涵不尽相同。例如，在西方文化中，白色是纯洁的象征，因而新娘的婚纱常用白色为主色；而在中国传统文化中，新娘常选择红色为嫁衣的颜色，白色则为丧服的颜色。

（3）指示意义相同，在一种语言中有丰富的联想意义，在另一种语言中却没有的词汇。受民族文化的影响，一个普通的词在一种语言中常有丰富的联想意义，而在另一种语言中可能只是一个语言符号。这类词容易使人产生误解，进而给交际带来一定的影响。

例如，英语中有一些具有丰富联想意义而汉语中没有的词。

例如,英语 daffodil 一词,汉语对应的是"黄水仙",仅仅是一种普通的花,并没有什么联想意义。而在英国,它是春天、欢乐的象征。

下面是诗人威廉·华兹华斯(William Wordsworth)的诗 *I Wander Lonely as a Cloud*:

> I wandered lonely as a cloud,
>
> That floats on high o'er vales and hills,
>
> When all at once I saw a crowd,
>
> A host of golden daffodils;
>
> Beside the lake, beneath the trees,
>
> Fluttering and dancing in the breeze.
>
> Continuous as the stars that shine,
>
> And twinkle on the Milky Way,
>
> They stretched in never-ending line,
>
> Along the margin of a bay:
>
> Ten thousand saw I at a glance,
>
> Tossing their heads in sprightly dance.
>
> The waves beside them danced, but they,
>
> Out-did the sparkling waves in glee:
>
> A poet could not but be gay,
>
> In such a jocund company:
>
> I gazed –and gazed –but little thought.
>
> What wealth the show to me had brought:
>
> For oft, when on my couch I lie.
>
> In vacant or in pensive mood,
>
> They flash upon that inward eye.
>
> Which is the bliss of solitude;
>
> And then my heart with pleasure fills.
>
> And dances with the daffodils.

上述这段描写可以说是对 daffodil 最典型的描写,将诗人当时愉快的心情体现得淋漓尽致。

（4）各自文化中特有的词汇，也就是文化中的词汇缺项。在不同民族的文化中，经常出现词汇缺项的现象，翻译常会碰到这类词，即只在一种文化中存在，在另一种文化中并不存在的词。例如，汉语中的"客气"就很难译为英文，英文中的 polite 难以将其意义准确地再现出来。

与传统词汇教学相比，文化对比教学更能增加词汇教学的生动性，且在丰富学生文化知识的同时，也能牢固掌握词汇。

（二）词源分析

词源分析的教学方式尤为适用于讲解来自典故的英语词汇。英汉语言中的很多词汇都来自典故，所以这些词汇的文化内涵是难以根据字面进行理解的，而必须分析其来源。不管是中国人还是西方人，在说话、写作时习惯引用传说、历史、文学中的人物、事件，即引用典故。因此，对典故词汇的教学是英语词汇教学不容忽视的方面。例如，源自《鲁滨孙漂流记》中的 man Friday 是指"得力的助手"；源自《汤姆叔叔》中的 an Uncle Tom 指逆来顺受，情愿忍受痛苦、侮辱，在思想和行动上的拒不反抗；源自《威尼斯商人》中的 Shylock 指贪婪、追求钱财、残忍、不择手段的守财奴。教师在讲解这些源于典故的词汇时要先详细介绍其背景，使学生深入理解词汇的文化内涵。

（三）直接讲授法

直接讲授法就是将课文中涉及的文化知识直接告诉给学生的方法。例如，教师在讲授 *Myth and Legend*《神话与传说》这一篇课文时，可以向学生讲授一些古希腊、古罗马神话故事，并在此基础上引入一些源自此的文化词汇，如 Achille's heel（致命的弱点），apple of discord（祸根），Trojan horse（特洛伊木马）等。

使用直接讲授法时，教师可以借助各种形象的教学工具辅助学生理解。例如，播放相关的录像可以让学生对这些词汇的背景文化有直接的接触、了解,以便真实地了解词汇的来龙去脉,从而清晰地、深刻地认识和理解词汇所具有的文化内涵。

第二节　基于跨文化理论的英语语法教学

一、英语语法教学简述

（一）语法的含义

利奇和斯瓦特维克（Leech & Svartvik, 1975）在 *A Communicative Grammar of English* 中研究了语法的变体形式,他们认为语法有不同的变体形式,如英语或美语、书面语或口语、正式或非正式、礼貌或熟悉等。在表达某个概念或对象时,人们有多种变体选择,如 children（中性）, offspring（正式）和 kids（非正式）,人们应根据具体情况选择适当的形式。

拉森-弗里曼（Larsen-Freeman, 2005）反对传统的语法观,并将语法的性质归纳如下:语法不是一种知识,而是一种技能;语法不仅指形式正确,而且指使用得体;语法不仅与规则有关,语法是有道理的;语法并不是任意的;语法不是一个正确答案,它是有选择的;语法既包括词法和句法,又包括语篇语法。

厄尔（Ur, 2009）提出,"语法可以粗略定义为一种语言为了构成更长的意义单位,控制和组合词或词组的方式。"

综上所述可知,语法包括词法、句法和语篇语法及变体形式,涉及形式、意义和使用的统一。

（二）英语语法教学的地位

在我国传统英语教学中,语法教学一度占据核心地位。然而,随着英语教学弊端逐渐暴露以及交际教学法等的兴起,大量淡化英语语法教学的现象也随之逐渐显露。有人认为,试卷中考查语法的题目较少,分值比重也很少,不值得花费太多的精力去学习。因此,语法教学又一度"失宠"。实际上,无论从语言的本质、语言教学的特点,还是从对学生认知能力的培养角度来说,语法教学都是基础英语教学中一个重要的组成部分。对于语法教学的地位,我们也应客观看待。

1.语法教学是英语教学的重要手段

语法简单来说就是语言的组织规律。它在英语教学中的作用决定了其在英语教学中的地位。之所以说语法教学是英语教学的一个重要组成部分,是因为语法能够使概念和语境之间建立起联系,从而帮助学生提高英语水平。当前我国的语法教学存在一个严重的问题,即为学语法而学语法。这一现象背离了语法学习的目的,往往导致语法教学效果欠佳。事实上,语法只是学生学好英语的一个途径,而不是英语学习的最终目的。因此,语法教学应该做到以技能为核心、以实践为纲,引导学生正确的语法学习思路。

2.使英语听说能力趋向精确化

通过英语语法教学,学生的听力理解和口语表达能够向精确化方向发展,并且能使听力理解和口语表达更加精确。语法是一种重要的语言组织规则,在学生词汇量有限的情况下,能够帮助学生遵照相应的语法规则创造出无限的句子。从这一点上进行分析,进行语法学习其实还很好地迎合了语法交际任务这一目的。

假如在实际的交际环境下频繁使用没有语法规则可言的句子,通常会给交际活动带来负面影响。交际任务应成为语法教学的中心,在具体的交际过程中,应将交际与语法知识进行恰当、适时的融合。这不仅有利于交际的顺利进行,还能够提高交际的精确性。

3.把握英语语法教学的尺度

英语教学在我国的开展已有很多年,尽管已经取得了很大的成果,但其中也存在很多问题。尽管语法教学对学生语言运用能力的构建有着重要作用,但并不是英语学习的主要目标。如果教师和学生对语法教与学过分重视,往往导致英语教学理念、方法等方面的落后,重现传统英语教学的弊端。

先进的英语教学理念应当是让学生通过体验、实践、参与、合作与交流的方式来学习英语,提高英语语言的综合能力。因此,教师的教学必须遵循语言学习的基本规律,把握教学的合理尺度,以注重培养学生的实际语言运用能力为主。具体到语法教学,教师必须遵循"整—分—整"的原则,做到整体考虑、综合设计、逐步推进、归纳拓宽。教师必须熟悉语法教材中语法知识的前后安排,在教授新的语法知识时,一方面要注意语法知识的纵向联系,另一方面还要将语法学习与听、说、读、写活动结合起来进行横向操练。这样才能最大限度地保证语法教学的实用性,为学生锻炼语言运用能力提供保证。

4.利于英语语言技能持续发展

语言学习过程中不可避免会遇到"石化"现象,开展语法教学不仅可以帮助学生夯实语言基础,还能有效解决"石化"现象,提高学生对语言知识与现象的分析能力。无论在国际交流中还是在工作实践中,英语都是十分重要的语言交流工具。因此,深化对语言知识的学习与语言技能的提升就具有十分重要的意义。此外,校内的语言学习还有利于学生参加工作以后对英语的自学与提升,从而使英语真正成为一项有效的交际工具。

5.协调语法教学和交际教学

目前在英语教学界,关于应该坚持交际教学还是应该坚持语法教学的争论是讨论的热点问题。实际上,英语教学的过程中涉及很多因素和多个维度,无论是交际教学还是语法教学都是英语教学中普遍采用的手段,二者虽然不同,但却并非孤立的,而是相互促进、不可分割的。

一方面,语法作为一套描述语言的规则,其重要性在于它能够帮助学习者学习语言,并为听、说、读、写等交际技能的训练打基础。语法能力的欠缺会直接影响交际能力的高低。可以说,没有语法能力,就不能形成交际能力。另一方面,交际教学强调语境的重要性,主张将语言置于真实的语境中去使用,认为交际是语言的主要功能,只有当发话人的语言输出和受话人的语言反馈契合时,交际才算成功。由此可见,交际不仅是英语学习的目的,也是英语教学的一个重要手段。从语法教学和交际教学的关系来看,交际教学法并不是要否定语法教学,而是对语法教学加以巧妙利用,真正做到语法教学的有效性。因为英语教学活动本身就涉及师生双方的交际互动,而交际法应用于语法教学之中就能将语言的形式与意义、语用与语境联系起来,为语法的习得、交际能力的提高提供有力的保障。

因此,语法教学应遵循交际性原则,尽可能多地为学生创造英语环境,使语法教学情景化、教学语言英语化,以及教学方法多样化,使学生在交际中习得语法,在语法学习中提高交际能力。

6. 夯实英语语言的基础

从实质上进行分析,语法属于一种有效对语言进行组织的途径和手段。在英语教学中,语法所发挥的作用尤为基础且关键,主要体现在以下两个方面。

(1)从教学内容来看,让学生掌握英语这门语言中的一些遣词造句的具体规则是语法学习的主要目的。不论对语法知识的学习还是英语能力的提升,这些遣词造句的规则都发挥着非常重要的调整作用。在英语这门语言中,词汇是句子的重要构成部分,将词汇组建为句子时必须依据一定的语法规则,并非无章可循的。只有这样,组织起来的句子才是与语言逻辑相符合的。学生可依托自己所接触的语言材料或通过模仿而创造出一些新句子,但由于学生语言能力的欠缺,这些句子依然会存在一些表达方面的问题,从而使句意不够准确。此时,依托语法规则对表达模糊不清的句子进行调整,可使其成为意义明确、逻辑清晰的句子。在当前的英语教学环境下,英语课外实践活动相对比较少,这一客观性就更加凸显出英语语法教学的重要性了。在英语课堂上,学生接触英语语法正是他们进行语法学习的一种非常重要的方式和途径。

(2)在实际的英语教学中,语法模块也占据着十分重要的地位。语法不仅会对英语这门语言的输入造成比较严重的影响,与此同时,语法还会对英语这门语言的输出产生相应的影响。在英语中,输入词汇通常也需要依赖于语法的帮助。在相同条件下,如果学生的英语语法知识储备不够完备和系统,就会在无形中对语言的输入造成比较严重的影响;如果学生的语法知识掌握较好,则他们对英语语言符号的输入和处理就更高效。可见,没有有效的语言输入,就很难进行有效的语言输出,语言输入是语言输出的先决条件。从这一层意义上进行分析,我们对语法教学在英语教学中所发挥的作用和所处的地位就非常明确了。

（三）英语语法教学的内容

初级阶段的语法教学包括两大部分:词法和句法。

词法还能再次分为构词法和词类。构词法具体涉及词缀、词的转化、派生、合成等。词类包括静态词和动态词。

句法主要有三个部分:句子成分、句子分类、标点符号。其中,句子成分涉及主语、谓语、宾语、定语、状语、表语、同位语、独立成分等。对于句子的分类,按照句子的目的,其可以分为陈述句、疑问句、祈使句和感叹句;按照句子的结构,其可以分为简单句、复合句和并列句。此外,与句子有关的还包括主句、从句、省略句等。标点符号也是句法中的重要组成部分。英语语法教学的内容,如图 4-1 所示。

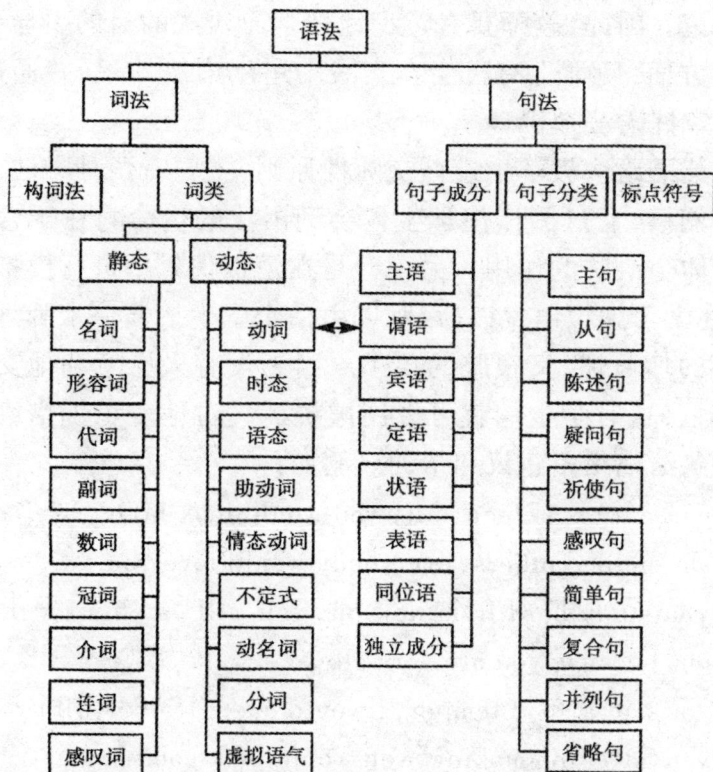

图 4-1 语法教学的主要内容示意图

（资料来源：林新事，2008）

（四）英语语法教学的原则

1. 交际原则

社会语言学认为，语言的功能是交际。社会语言学家海姆斯（Hmyes，1972）提出了一个著名的概念，即"交际能力"（communicative competence）。他认为，一个人要能够真正地运用语言进行交际，除了必须具备乔姆斯基（Chomsky）提出的能造出合乎语法的句子的语言能力之外，他还必须具备在什么场合、对谁、用什么方式以及说什么的能力，也就是交际能力。

如果教师在教授语法规则时总是按条条框框进行教学，很容易使学生产生一个错觉，以为语法就是为了考试用的，是死的，要死背硬记。因此,教师要有意识地把学习语法的目的引导到实用和交际方面,使学生有机会在实践中运用语法知识,并通过运用而自然掌握语法知识。

在英语语法教学中遵循交际性原则,主要有两种方法。一种方法是阅读,通过阅读使学生体会到语法的生命力在于言语,通过阅读体会语法的作用。另一种是在模拟情景中进行模拟交际。例如,在学习虚拟语气以后,可以出一个学生扮演一个脾气很坏,有很多的坏习惯,又很脏的孩子。因为没有人愿意和他交朋友,他很苦恼,这时学生们就可以用虚拟语气对他表示惋惜,并用真实条件句给他很多建议和帮助。例如:

If you put on a clean suit, you would look better.

If you helped others, everybody would love you.

If you study hard from now on, you will catch up with others very soon, because you are very clever.

If you had a good temper, I would make friends with you.

If you gave up smoking, you would be a good boy.

2. 语境化原则

根据语言学理论的观点,词、语法和语境这几大要素只有共同作用才能达到理解,最终完成相应的交际任务。在语法教学中坚持语境化原则就是指教师应巧妙地运用教学方法,进行模拟或者创造情景,以生动、直观的方式让学生入境会意,这样也能够很好地唤起学生的积极性,鼓励学生积极主动地参与到交际活动中。与课文教学和交际话题的教学相比,语法教学的语境化对教师所提出的要求更高,通常需要教师按照班级情况和授课内容,并与学生的实际生活相联系,进行巧妙的构思和精心的设计。

例如,在讲解非谓语动词的用法这一语法现象时,在创设语境时,教师通常需要在以下几个方面下功夫。例如,讲解定语从句时,可先创设一种"洗衣服"的情境。

情景一：裙子已经洗好了。

The skirt has been washed.（过去分词表被动完成）

情景二：她把衣服放进洗衣机。

She puts it in the washing machine.（动名词表用途）

情景三：露西还有一条裙子要洗。

Lucy has a skirt to wash.（不定式做后置定语，表动作未发生）

情景四：正在洗衣服的女孩是露西。

The girl washing a skirt now is Mary.（现在分词表正发生的主动动作）

这种运用语境教授语法教学的方法能够很好地激发学生的学习兴趣，并且深化学生对语法概念的理解和记忆。

3. 适度紧张原则

当教师讲解完语法知识后，一般会要求学生完成练习，有口头练习，也有习题训练。教师应该将这些练习活动安排好，让学生适度紧张，有一定的紧迫感，但这并不是说对学生放任不管。这里以口头练习为例，介绍四位教师在讲解语法知识后，让学生看图说话所提出的要求。

Please make sentence with present progressive tense according to the picture.

Make up 20 sentences about the picture using the present progressive.

Make up 20 sentences using the present progressive within two minutes.

Which group can make the most sentences about the picture using the present progressive.

通过以上四句话可以看出，前面两个句子更有挑战性。通常，学生也比较喜欢有一定挑战性的活动，所以活动不可太容易，完成有一定挑战性的任务将会给学生带来成功的喜悦。

二、英语语法教学中的文化因素

了解英汉句法上的差异,是分析英语语法教学文化因素的一个重要内容。

(一)英汉句子重心的不同

英语句子遵照的顺序为先表态、后叙事,并且用于表态的句子很短,叙事的句子很长。相反,汉语句子表达遵照的顺序为叙事在前,表态在后,并且叙事的句子稍长,表态的句子稍短。例如:

Good reception requires a series of relay towers spaced every 30 miles since the curvature of the earth limits a microwave's line-of-sight path to about 30 miles.

地球曲率的限度使微波发射的视线路径为 30 英里;为了接收良好,需建立间隔为 30 英里左右的系列转播塔。

要是你有急事要办,不要去找那种显然没有多少事可做的人。

If you want something done in a hurry, don't go to the man who has clearly not much to do.

(二)英汉语态的不同

英语中常见被动语态,大量及物动词和相当于及物动词的短语都有被动形式。英语被动语态通常可以用在如下情况中:当不必说明行为的实行者时;当不愿意说出实行者时;当无从说出的实行者时;考虑到便于上下文连贯衔接时等。

相反,汉语中很少用被动语态,其主要有两个原因:其一,汉语中常见"主题 + 述题"结构,所以少见被动语态;其二,中国人注重"悟性",强调"事在人为"和个人感受等,所以少见被动语态。

(三)英汉语序的不同

英语句式的表达顺序为:主语 + 谓语 + 宾语 + 状语(方式,

地点,时间)(一般定语必须后置);汉语句式表达的顺序为:主语＋状语(时间,地点,方式)＋谓语＋宾语(一般定语必须前置)。通过对比可知,英汉语序差异主要集中在定语和状语的位置上。下面简单分析英汉定语、状语位置的差异。

1. 定语位置的差异

在英语句式中,定语通常会出现在两个位置上:以单词作定语时置于名词前;以短语和从句作定语时置于名词后。汉语定语通常置于名词之前。

另外,当多个修饰语同时修饰同一个事物时,英语会将能说明事物本质的定语靠近其所修饰的名词;而汉语则将最能说明事物本质的定语放在最前面,将表示规模大小、力量强弱的定语放在后面。当然,英语中有时可以根据定语与其所修饰的名词之间的关系安排前后位置,定语和中心词关系越密切,位置就越接近。如果定语和中心词的关系远近难以判断,可以按句子长短排列,短的句子在前,长的句子在后。

2. 状语位置的差异

英语中状语的位置极为复杂,如由单词构成的状语应根据需要放在句首,置于谓语动词之前,助动词和谓语动词之间,或者放在末尾。如果英语句子的状语较长,那么其通常置于句首或句尾。而汉语句子中的状语通常出现在主语之后,谓语之前。为了发挥强调作用,汉语中的状语也可以置于主语前或句尾。

相比较而言,英语状语从句的位置比较灵活,而汉语状语的位置则较为固定。

三、跨文化理论下的英语语法教学方法

(一)对比分析

在采用对比分析法开展跨文化理论下的英语语法教学时,教

师必须注意如下几点。

（1）从英汉语言文化差异的层面入手，开展英语语法教学。教师应该运用汉语母语学习对英语学习的迁移作用。要学好一门外语，必须了解这门语言的特点；而要想了解这门语言的特点，就要将其与母语的特点进行比较。每种语言都有其文化属性，其体现在人文属性的内容及表现形式。只有个别语言现象与文化现象是不相关的，但大多数都是有一定关联的。英汉语言既有相同之处，又有差异。对中国学生而言，汉语学习对英语学习既有积极的正迁移作用，又有消极的负迁移作用。如果不了解英汉语言的差异性，一味地用汉语思维、汉语类推等方式学习英语将会出现严重的错误。

因此，教师应在充分了解英汉语言差异的基础上，利用母语的正迁移作用开展教学。

英汉语言的基本句型大致相同，只会在句子结构上存在细微差别。利用这一点，教师就可以举例进行对比教学。

另外，以中国学生常见的主语和谓语用法上的错误来分析中西方文化差异和思维差异。对中国学生来说，在日常交际和表达中经常出现主谓语、数、时态、代词等不一致的情况，句子缺乏完整性和连贯性，词性、词语搭配不当，修饰语错位，指代不明等。

（2）以英汉语言现象的对比为切入点，提高英语语法教学的效果。在英汉语法体系中，英汉语言的文化差异与思维差异在词法和句法上表现得尤为明显。在词法上，英汉语言的跨文化差异随处可见。其中，英汉词义的对应关系是个非常复杂的问题，其包括不同的语言、文化、社会等因素。英汉词语的差异体现了英汉两个民族文化的很多差异，如颜色词、数字等的差异。对英汉词汇文化差异的分析有利于学生更好地理解和应用英语语法。在句法上，文化差异主要表现在其形态和用法上。英语重分析、轻意合，以动词为中心。汉语以名词为核心，重意合、轻分析，名词的作用较为突出。英语属于形态丰富的有标记的语言，汉语属于一种没有严格意义的形态变化的无标记语言。因此，对英汉语言在句法上差异的对比对学生掌握和运用语法知识有重要价值。[①]

英汉两种语言在语法方面呈现出诸多的差异,如英语中有名词单复数的变化,但汉语中没有;英语中的动词有时态变化,但汉语没有;英语定语往往后置,而汉语宾语多前置。例如:

The two books I bought yesterday in a book store are written by a famous writer.

我昨天在书店买的两本书是一位著名作家写的。

通过上述英语原文和汉语翻译可以看出,无论在名词、定语还是谓语上都有着显著的不同。如果不了解英汉语言在结构上的差异,就很可能按照汉语思维来表达英语句子,进而就会出现很多的语法问题。再如:

If any of the joint ventures wish to assign its registered capital, it must obtain the consent of the other parties to the venture.

合营者的注册资金如果转让必须经合营各方同意。

英语重形合,因此在句式组成中习惯将重点提前,在例句中便形成了主语凸显的结构。汉语重意合,主要关注句子表达的含义,因此在上例的翻译时凸显了主题。

（二）积极开展活动

活动是语法学习的调料,也是语法教学的调节剂。语法知识的教和学都比较枯燥,所以教师在语法教学中应积极开展一些新鲜、有趣的教学活动,既要保证学生学到了语法知识,又要保证学生语法学习的积极性。特别是在大学教学中,教师不必拘泥于课堂教学,可以组织开展多样性的教学活动,让学生轻松巩固语法知识。

---

① 杨新焕. 中西文化差异视野下的英语语法教学 [J]. 长治学院学报,2011,（12）: 106.

1. 野餐

野餐是一种通过交际活动来练习语法的活动,可用来练习 be going to 的用法以及学过的表示物品的名词。野餐活动可按如下步骤进行。

（1）将学生分成四五人的小组。

（2）教师向学生讲解活动的内容和具体要求。例如：

This weekend, we are going out for a picnic.Now please decide what to take.Make a list of the things your group is going to take and report when you have finished your talking five minutes later.

（3）组织学生分组讨论。例如：

S1：I'm going to take a lot of delicious food and fruits.

S2：I'm going to take a tent in case it rains.

S3：I'm going to take a camera.

S4：I'm going to take some reusable bags.

……

此时,教师应巡视各个小组的讨论情况,并对学生提出的问题予以解答。

（4）讨论完毕后,各小组可派代表汇报本组讨论情况。

2. 旅游

旅游活动通过旅游模拟帮助同学练习特定的语法项目,是一种交际性的活动。例如,以"疑问词＋不定式"结构为主题的旅游活动可按如下步骤进行。

（1）教师将学生分成两个小组,一组扮演游客,另一组扮演当地居民。

（2）教师为游客组和居民组的同学分别编号,如游客组1号、居民组1号,游客组2号、居民组2号……依次类推。当两组学生人数不相等时,由教师替补。

（3）教师向学生讲解活动规则：游客已到达景点,但他们对景点的环境非常陌生,每个人都有很多疑问。游客向居民提出问题,由居民进行回答。提问与回答按编号依次进行。

（4）教师为学生进行示范。例如:

Traveler: How to get to the river bank?

Native: Go straight for five minutes and turn left, you will see the river bank.

Traveler: Where can I find the delicious food here?

Native: The Goodday Restaurant serves the best food in our town.

（5）游客组与居民组的学生按编号依次进行问答练习。在这个过程中,教师要有意识地引导学生使用"疑问词＋不定式"结构,并纠正学生出现的明显错误。

3. 爱好选择

爱好选择是一种自由且个性化的语法练习方式。不仅提问者可以自由提问关于爱好选择的问题,回答者也可以根据自己的喜好自由做出回答。这种教学活动的操作十分简单,只需提问回答即可,常用于比较级和最高级的教授。例如:

S1: When you go to college, do you want to live in the dorm with other people or rent a house to live alone?

S2: In my opinion, living with other people is more interesting.

S1: What fruit do you like best?

S2: Watermelon is my favorite.

S1: What about the final examination in your class?

S2: Well, Samson performs best in my class.

S1: Which do you prefer, living in the big city or living in the countryside?

S2: I like living in the big city much more than living in the countryside.

……

4. 图片案例

图片案例活动是利用图片故事练习语法的一种方式,通常可用于多种时态的练习。下面我们以过去进行时的教学为例,介绍图片案例活动的具体安排。

(1)教师设定一个情景。例如:

Teacher: Good morning, class. Today, we are going to talk about a murder. The murder happened at 9 o'clock last night. Here are the details of the story.

(2)教师向同学展示图片。例如:

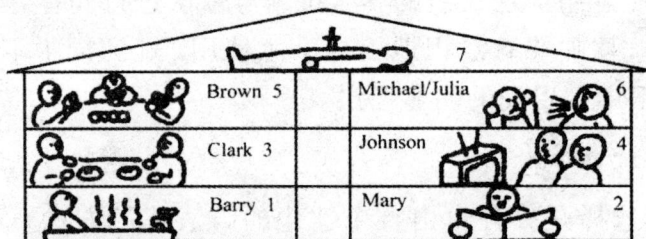

(3)教师将学生分成小组来观察图片、分析案件。调查开始之前,教师要将活动任务交代清楚。例如:

Teacher: Now suppose you were the detective. Interview your classmates about what those people in the flat were doing when the murder happened last night. Write down what your interviewees say and report to the class.

(4)学生根据图片内容开始调查。例如:

S1: What was Johnson doing last night?

S2: He was watching TV with his brother.

S3: What was Barry doing at 9 o'clock?

S4: He was taking a bath.

S5: What were Michael and Julia doing last night?

S6: They were quarreling angrily.

...

(5)每组学生记录下调查情况,并派代表向全班汇报。例如:

We think Barry might be the murderer. Mary was reading a newspaper last night. And we all know that Mary is a very kind person so she can't be the murderer. Other people were busying doing their own business such as eating, quarreling or watching TV. Each of them was not alone. Only Barry was in his bathroom all by himself. And we also know that Barry usually takes a bath in the morning. He never bathes in the evening. So his behavior is quite abnormal.

（三）多媒体教学法

如今,多媒体资源在英语教学中得到了广泛使用,并对英语教学产生了良好的作用。因此,在语法教学中,教师也应适时利用多媒体资源,它可以帮助教师演示预先制作好的多媒体教学软件,利用计算机综合处理和控制教学软件中的符号、文字、声音、图像等教学信息,按教学要求和教学进度完成多媒体操作,同时设置学生参与教学活动的教学过程。

多媒体运用于英语语法教学,可以使学生在不知不觉间将所学的知识转化为能力。其在新课讲授的处理上具有其本身的优势。以下结合英语时态"过去进行时"和"过去完成时"的教授来对多媒体语法教学加以说明。

步骤一:

教师在大屏幕上展示 flash 动画,并结合画面背景对学生进行提问。

T：What is she doing?

Ss：He is watching TV.

学生在回答问题之后,点击画面下方事先拟定好的时间 at five o'clock yesterday evening;学生思考之后,教师可能会说"He was watching TV at five o'clock yesterday evening"。

重读并引出过去进行时态这一语法项目。接着结合多媒屏幕上的下一个画面：Have a party。

T：What are they doing?

Ss：They are having a party.

接着点击出现 at this time yesterday。

T：They were having a party at this time yesterday.

教师重读 were having a party，逐个让学生看画面对话。通过画面，学生对时态的概念、结构和用法便有了深刻的印象。

步骤二：

对过去完成时进行讲授。教师可制作一张画面投影：在火车站，一列车刚被开走，一位旅客在后面到达。

T：happened to the train?

Ss：The train left.

T：What happened to the man?

Ss：The man was late for the train.

教师根据画面提示学生，当他到达时，火车已经开走。教师接着问：When he arrived, the trained had already left。从而引出过去完成时态的结构。屏幕上就会展示出时间和动作的比对表，如下所示。

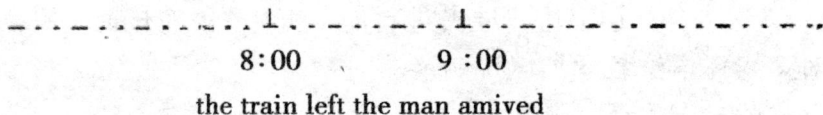

8:00   **9:00**

the train left the man amived

上图形象地说明了"火车开走"发生在"他到达"之间，并很直观地说明过去完成时指该动作发生在过去的过去。

步骤三：

对上述两种时态进行总结，借助于多媒体展示给学生。

过去进行时通常和表示过去的时间状语连用，表示过去某一时间正在进行的动作。例如：

They were building a dam last winter.

过去完成时则表示过去某时或某动作之前已完成的动作或情况，即表示过去的过去。例如：

The plane had already taken off when we arrived at the airport.

在英语语法教学中,多媒体可有效打破传统课堂沉闷的氛围,在轻松愉悦的环境下加深学生对语法知识点的记忆和理解。同时,使用多媒体教学还可以创设情境、感染学生,增添课堂教学的兴趣和活力,对学生自主学习能力的培养和思维灵活性与创造性的开发也具有重要意义。

第五章 基于跨文化理论的英语
听力、口语教学

听和说都是英语的重要基本技能,听是读的开始,也是写作的基础,没有听的技能,其他技能也就无从谈起;口语则是人类交流信息和表达思想的方式之一。我国英语教学虽然一直十分重视听力和口语教学,但从现实情况看,听和说始终是学生英语学习中的薄弱环节。本章就基于跨文化理论,重点介绍文化差异对听力和口语教学的影响,并在此基础上提出有针对性的教学方法。

第一节 基于跨文化理论的英语听力教学

一、英语听力教学简述

(一)听的含义

关于听的含义,国内外学界一直有不同的看法,很多学者都从各自的角度提出了不同的观点。

美国学者罗斯特(Rost)认为,听有以下四种取向。

(1)接受型,这种听是将其看成听话人接收到发话人信息之后对其进行解码的过程。

(2)建构型,这种听是表征和建构意义的过程。

(3)协作型,这种听是说话人与听话人磋商意义同时做出反馈的过程。

（4）转换型，这种听是通过想象、参与、移情等方式来创造意义的过程。

我国学者刘绍龙（1994）认为，外语听力是一个主动利用各种语言和非语言因素去辨认声学信号的过程。

林奇和门德尔松（Lynch & Mendelssohn）对听的观点看法如下：[1]

Listening involves making sense of spoken language, normally accompanied by other sounds and visual input, with the help of our relevant prior knowledge and the context in which we are listening...it is more accurate to conceive of it as a bundle of related processes...

通过上述界定可以看出，这两位学者认为，"听"的关键在于口语，同时受视觉输入和其他声音的影响，这就要求听话人必须借助已有的知识经验来理解话语含义。此外，"听"是一连串相关的处理过程，这其中包含分割语音、分析句法、理解语境等，且在很多情况下这些过程不会被听话人自身所察觉。

（二）英语听力教学的地位

听力教学活动是提升学生语言综合能力的有效方式之一。作为一种语言输入，听力教学活动可以让学生把握语音符号，辨别英语语音，还能让学生们独立思考，将自己所掌握的知识进行整合，进而理解英语语言，提升自身的英语水平。

在传统英语教学与学习中，听力并未得到广泛重视，即使是有听力测试，比重也非常小，更不用说单独教学了。但是，现如今，社会的发展对于学生的听力水平是非常重视的，人们在日常学习和工作中免不了与外国人展开交往，因此听有着非常重要的地位和作用。

---

[1] Schmitt, N.*An Introduction to Applied Linguistic*[M].Beijing: The world book publishing company, 2008: 60.

（三）英语听力教学的内容

1. 听力基础知识

（1）语音知识。语音是听力教学的基本内容,因为语音知识是听力的基础,语句的重音、连读、语音语调等语音知识的掌握程度直接影响着学生对听力材料的理解。由于英汉两种语言的差异性,我国学生在英语听力过程中经常会受到母语的影响,学生需要具备一定的语音知识才能适应英语的节奏、语调等。英语属于印欧语系,而汉语属于汉藏语系,两者在很多方面都存在差异。汉语的读音都是依靠拼音来形成的,而英语的读音则主要依赖于音标,这就使得学生必须对英语的音标和单词的读音有一个深刻的了解,因此在英语听力教学中教学必须加强对学生的语音基础知识的培养。

（2）语言知识。语言知识是指学生对于英语语言体系的了解程度。语言能力是交际能力发展的基础,如果学生不了解英语句子和语篇的基本结构和特征等知识,也就无法理解所听到的内容;如果学生不能根据具体语言环境、话题、交际对象与目的选择适当的语言表达形式也就无法进行语言交际,语言知识是听力教学的基本内容,它是学生理解听力材料的基本能力。

（3）语用知识。语用知识也是听力教学的重要内容,它是指对听力材料中说话者表达的内在含义的理解。学生如果缺乏语用知识,会很难理解说话者的真正意图。

2. 听力理解

听力理解内容的讲授为的是提高学生的理解能力,帮助学生理解其所听内容。听力理解既是自下而上的意义解码过程,又是自上而下的意义阐释过程,还是二者结合的过程。听力理解过程具有以下特点。

（1）短暂性。听力理解过程中所听到的信息是转瞬即逝的,所以听者必须在当时就清楚地听到信息,否则没有挽回的余地。

因此,学生在听力理解的过程中必须集中所有注意力。

（2）同步性。"听"和"说"二者是同步出现的,且前者总是伴随着后者。换句话说,"听"的存在必然可以推断出"说"的存在,但是反过来就不成立。可见,"听"建立在"说"的基础之上。

（3）情景制约性。既然"听"是日常交际的一部分,那么它必然以特定的时间、地点和状态为背景,且背景中的各种细节往往决定着话语的意义。这就是听力理解的情景制约性。

（4）听说轮换性。由于人际交往的互动性,日常交际中的听话者同时也是说话者。听说轮换性是指听者为了争得话语权或者自我表达而变成说话的一方。

（5）即时性。日常交际中的听力理解是自发的、即时的,无法事先演练。在听力教学中,教师要培养学生对这种即时活动的适应能力,在关注听力过程本身的同时学习听力技巧。

（6）及时反馈性。在日常交际中的听力理解中,听者会给予及时的反馈。即使听者没有听明白或者有异议,都必须给予一定的反馈,这种反馈可以表现为表情、肢体语言等形式。

3. 听力策略

英语听力水平的高低不仅取决于学生的英语基础知识,还包括一些基本的听力策略。有时听力材料的信息比较多,学生需要在众多的信息中运用自己的知识和策略将材料中的重要信息筛选出来。针对不同的听力题型,教师应该给学生教授不同的听力策略。听力技巧主要包括猜词义,听关键词、过渡连接词、预测、推断等。掌握正确的听力技巧,可以有效地提高听力理解的能力。学生还应该掌握一定的记笔记的技巧,以便快速记录有效信息。

4. 交际信息

所谓交际信息是指谈话中新信息的指示语、话题转换的指示语、话题终止指示语等。交际信息还包括语篇中的逻辑指示语、衔接语等,这是学生理解文章内容和结构的关键,是帮助学生提高英语听力水平的一个重要因素。英语语感是英语交际信息的一部分,教师在英语教学中注重学生英语语感的培养能够提高学生对听力材料的理解速度。

（四）英语听力教学的原则

从本质上来看,英语教学中的"听"是对口头信息的理解能力。近年来,虽然教师加大了对听力技能的训练,但是成效并不明显,原因之一就是教师在听力教学中没有遵循适当的原则。为此,下面来分析英语听力教学中的常见原则。

1. 信息关联原则

信息关联原则主要体现在引导学生注意听觉信息、引导学生注意视觉信息、引导学生利用已有知识这三个层面上。

（1）引导学生注意听觉信息。听觉信息主要包含语气和语调两个部分。一般情况下,对于同样的一句话,不同的人、不同的语气和语调,他们说出的语义也会发生改变。很多时候,学生可能对于所听到的内容呈现出不太确定或者不理解的状态,但是通过该语言材料的语气、语调会对话语的意图进行确定,如是夸张语气还是委婉语气；是喜悦语气还是悲伤语气；是幽默语气还是愤怒语气等。

因此,教师应该为学生选择一些带有语气、语调的听力资料,让学生能够将语言材料的内容与语气、语调相结合,形成一个个图式,并将该图式内化到该材料知识体系中,因为这样才能帮助学生解决以后遇到类似的情况。例如,教师可以为学生朗读《震惊世界的审判》中的一段话,并将其中的语气表达出来。

Today it is the teachers, and tomorrow the magazines, the books, the newspapers. After a while, it is the setting of man against man and creed against creed until we are marching backwards to the glorious age of the sixteenth century when bigots lighted faggots to burn the man who dared to bring any intelligence and enlightenment and culture to the human mind.

本段话的最后部分蕴含了一个颇具讽刺意味的反语,通过该反语的语气,学生能够体会到该材料的真实情绪,即愤怒。

（2）引导学生注意视觉信息。在大学英语听力教学中,教师可以运用图片、图表、文字等工具为学生提供视觉层面的信息。很多人认为,听力理解的信息应该是听觉信息,但是那些与听力相关的图片、图表、文字等也对学生的听力理解有很大的帮助。例如,在英语新闻报道中,电视屏幕下方的新闻关键词对于理解新闻信息有很大的帮助。同样,那些与听力内容有关的图画或者画面也有助于理解听力材料。

因此,在英语听力教学中,教师应该运用各种方式来引导学生注意视觉信息,从而帮助学生对听力材料的内容加以理解,进而提升学生自身的听力水平。例如:

Max: What kind of fine art do you like?

Laura: Well, I like different kinds.

Max: Any in particular?

Laura: Er, I especially like Chinese folk art.

Max: Wow, that's marvelous!

Laura: I am crazy about Chinese paper-cut. It is one of the folk arts and traditional decorative arts which China has popularized the most.

Max: What are the subjects of paper-cuts?

Laura: In the past, cutouts came in a wide variety of subjects such as flowers, dragons, gods and fierce animals.

Max: Do they have special meaning?

Laura: All are symbols of good fortune.

Max: It is said that paper-cuts are usually on red paper.

Laura: Yeah. The subject also depended greatly on the occasion: the shapes of gods for New Years, pine trees and cranes for birthdays (symbols of long life), and folklore of the moon for harvest festivals.

Max：Really? That sounds great！

在听上述材料之前，教师若提供下面这张图片给学生，学生就可能猜到听力材料是有关中国传统艺术——剪纸的内容，也就能够唤起大脑中有关传统艺术、剪纸的背景知识、常用词汇和表达等来辅助听力理解。

（3）引导学生利用已有知识。如果一个学生的听力能力较强，其就能够在听力的过程中善于利用自身已经掌握的语言知识。在这里所说的自身已经掌握的语言知识，既包含日常教学与学习中的语言知识，还包含那些与材料相关的背景知识、科普知识等。

在听力过程中，学生如果对这些语言知识能够合理利用可以直接影响学生的听力理解水平。换句话说，对语言知识加以充分利用可以有效帮助学生完成听力学习任务。因此，教师在选择听力材料时，应该选取那些本身带有背景知识的材料，为学生减轻听力的困难，同时加强学生对这些背景知识的积累。例如：

When you take a walk in any of the cities in the West, you often see a lot of people walking dogs. It is still true, but the reasons why people keep a dog have changed. In the old days, people used to train dogs to protect themselves against attacks by other beasts, and later they came to realize that a dog was an example. When people use dogs for hunting, the dogs will not eat what was caught without permission. But now people in the city need not protect themselves against attacks of animals. Why do they keep dogs then? Some people keep dogs to protect themselves from robbery, but the most important reason is for companionship. For a child, a dog is his best friend when he has no friends to play with. For young couples, a dog is their child when they have no children. For old couples, a dog is also their child when their own children have grown up. So the main reason why people keep dogs has changed from protection to friendship.

根据上述材料，教师可设计以下问题。

What is the most important reason for people in the city to keep dogs now?

A. For companionship.

B. For amusement.

C. For protection against robbery.

D. For hunting.

在做这道选择题时,学生可能会在 A 和 B 之间徘徊不定。但是,大部分学生即使没有听到 ...but the most important reason is for companionship 这句话,也可以根据自己的常识判断答案可能是 A。

2. 综合性原则

教师应该让学生每次进行听力练习之前明确听力教学的目标,这样学生会在心理上有所准备,而且学生还可以根据不同的听力目标选择不同的听力技巧。单一的听力训练很容易造成课堂气氛的沉闷,使学生失去听的兴趣。因此,要想提高学生的英语听力水平就必须要重视听力与其他三项技能之间的关系,把输入技能训练与输出技能训练有机地结合起来,以提高学生的综合英语水平。

具体来说,听力教学可以采取以听为主、听说结合、听读结合、听写结合和视听结合的方式对学生进行综合的听力训练。这样不仅可以丰富听力活动,还可以活跃课堂气氛,培养学生的自主参与和自主学习意识,多种方式结合的教学形式不仅为学生创造了真实的语言环境,并且在一定程度上减轻了学生的心理负担,使学生在轻松的氛围中提高英语水平。

例如,听写结合是最为常见的形式,它要求在有效的时间内将听到的内容记录下来,这是一个同步的过程。当听到一段材料的时候,人的头脑中会形成短时记忆,要想将这些短时记忆变成长久记忆,就需要写出来。当然,这需要对语言的敏感以及高度集中的注意力。很多时候,学生能够听懂某段材料并不能保证其写得准确,只有将二者有机结合,才能真正提高其英语水平。在大学英语四六级考试中,常常会有 Compound Dictation 或者 Spot Dictation 的题型,这就是听写结合的体现。因此,教师在日常教学中,应该有意识地培养学生的听写能力,由于这种训练具有较高的难度要求,因此刚开始的时候可以先听一些简单的词汇或者句型,进而逐步拓展成段落与文章。

二、英语听力教学中的文化因素

(一)语言差异影响

1. 词汇差异对英语听力教学的影响

词汇是语言的基础,也是听力理解的基础,很多词汇都有着丰富的文化内涵。听力理解需要学生在短时间内对语言信息进行编码和解码,时间非常有限,而且不容迟缓。由于对西方文化的不了解和受母语思维的影响,中国学生常将母语文化概念直接套用到英语文化上,进而造成文化的负迁移。例如,英语中 drugstore 和 grocery 的含义是"药店"和"杂货店",但实际上与汉语中的"药店"和"杂货店"不完全相同,因此应注意向学生解释,帮助其在听力过程中顺利理解词义。

2. 语篇差异对英语听力教学的影响

学生在听到一段语篇时,可能听懂了每个单词,却对整体大意不知所云。这就是由于缺乏对整个语篇文化内涵的了解所致。例如下面一则小短文:

...Next, we exchanged vows and gave each other rings. This is the main part of the wedding. After the vows, the minister prayed for us. Then the minister declared us husband and wife.

仔细分析可以看出,上述材料涉及很多文化背景知识。西方人通常都会选择在教堂举行婚礼,并请牧师来主持。牧师首先会向在场的人提问:"有谁知道法律上这两人不能成婚的理由?"如无异议,新人就开始互相立誓。随后,牧师(或神父)正式宣布两人结为夫妻。上述短文中的材料中的"After the vows, the minister prayed for us"正是这种仪式的体现。学生如果不了解这些文化背景知识,在听的过程中就容易产生理解障碍。

总之,教师听力教学中应向学生多介绍中西词汇和语篇间的差异,并让学生了解这种差异给听力所带来的影响,从而引起学生的注意,逐步提高学生的听力能力。

(二)交际习惯方式影响

由于中西方所处的文化背景的差异,不同的民族其言语交际方式也明显不同。所以,中西方在交往中的询问、问候和对答上存在着不同的模式。

例如,在人们的交谈中,西方人涉及个人隐私的问题都是禁忌,如年龄、婚姻、收入等,如果询问这些问题,会被认为是很冒昧和失礼的。在日常生活中,西方人会回避私事,就是当看到别人买回来东西的时候,从来不会询问价格;见到别人离开或者回来,也不会问及"去哪儿"或者"从哪里来"这些问题。这些都是个人的隐私问题,无论是长辈还是上司,都是无权过问的。而中国人则不这样认为,在中国人的习俗中,长辈或者上司询问晚辈或者下属的家庭、婚姻状况以及年龄都是合理的事情,而且是表达对晚辈以及下属的关心,这也是长辈与晚辈、上司与下属比较亲近的表现,晚辈或者下属也并不会觉得这是在侵犯自身的隐私。

因此,在听力教学中,要保证学生顺利完成听力,就必须对其交际习惯方式层面上的差异有着清楚的了解和把握。

三、跨文化理论下的英语听力教学方法

（一）微技能传授法

1. 听前预测

听前预测在听力理解中有着十分重要的作用。听力教学中应该重视听前预测方式的教授。

具体来说，听前预测需要教师引导学生在听力练习之前首先熟悉一下测试题，了解题目所考的范围，如人名、地点、数字等。例如：

A.In the restaurant.　　B.In the library.

C.In the dormitory.　　D.In the classroom.

上述四个选项都是围绕地点进行的，因此听力材料播放之前，学生就应该对这几个选项进行熟悉，在听力材料播放中主要关注地点。原文如下。

M：I'm exhausted today. I've been here in the classroom all day reading and doing my homework. What about you?

W：Not too bad. But I'm hungry now. Let's go to the restaurant, shall we?

Q：Where does this conversation take place?

由于学生在听力材料播放前便已经进行了听前预测，因此在材料播放中便能收放自如地进行分析，并自觉关注材料中出现的地点。

2. 留心关键字

无论对于谁来讲，要想完全听懂一段听力材料是不可能，但没有听懂并不等于不能答题，有时候只听懂了其中的一部分，仍能答对问题，其中关键词的把握十分重要。因为有些题目主要就是听关键词，抓住了关键词，问题也就解决一大半了。所以，在教

学过程中教师要经常培养学生抓关键词的能力,以显著提高学生的听力水平。例如:

M: Who dealt last time? I think it's my turn to shuffle.

W: Cut the deck last time, so it must be your deal.

Q: What are these people doing?

　选项:

A. Dancing.　　　　　　B. Sailing a boat.

C. Playing cards.　　　　D. Cutting wood.

只要听出关键词 dealt(发牌),shuffle(洗牌),cut the deck(倒牌),deal(发牌),那么选出正确答案也就不难了,正确答案为 C。

3. 注意所提问题

在选择正确答案之前,首先要听懂所提问题,如果没有弄清所提问题,即便听懂了内容也不可能选出正确答案,所以弄清楚所提问题在听力训练中也是非常关键的。例如:

W: John, I called you yesterday evening, but you were not in.

M: I went to the cinema with a friend of mine.

Q: Can you tell me where John went?

选项:

A.He went with Linda.　　　　C.He went last night.

B.He went to the cinema.　　　D.He went by car.

在上述听力材料中,所提的问题是 where,根据所提问题,正确答案也就很容易选择了。正确答案是 B。

（二）多媒体教学法

随着科技的进步,多媒体技术越来越多地应用到了英语教学过程中。在听力教学中采取多媒体教学法,可以充分利用多媒体技术的优势,达到化繁为简、化难为易、化枯燥为有趣、化腐朽为神奇的教学效果,从而大大提高学生的主动性与积极性。具体来说,教师在听力教学中可从以下几个方面入手。

1. 通过广播进行听力教学

收听英语广播能使学生直接体会到英语的广泛用途,从而很容易激发学生的学习兴趣。具体来说,话题节目、流行文化节目和当代名人节目等能够培养学生的人文素养,提升其文化内涵。英语广播中的时事评论、新闻等内容则可以增强学生对国际形势的敏感度,帮助他们及时更新信息。总之,广播节目体裁丰富、题材多样,可为英语听力教学提供取之不尽的资源。

下面是一些适合中国学生收听的广播电台。

中国国际广播电台(CRI)

美国有线电视新闻网(CNN)

美国之音(VOA)

美国国家公共广播(NPR)

英国国际广播电台(BBC)

福克斯广播公司(FOX)

2. 通过歌曲进行听力教学

许多英文歌曲都具有曲调优美动听、歌词朗朗上口、意境耐人寻味的特点,很多人学习英语的兴趣都是从听英文歌曲开始的。因此,学唱英文歌曲反过来也可以很好地辅助英语学习,特别是英语听力的学习。例如:

《阳光季节》(*Seasons in the Sun*)

《我的家乡》(*My Hometown*)

《北上阿拉斯加》(*North to Alaska*)

《花落何处》(*Where Have All the Flowers Gone*)

《跳舞吧,小女孩》(*Dance on, Little Girl*)

《乡村路带我回家》(*Take Me Home Country Roads*)

《玫瑰,玫瑰我爱你》(*Rose, Rose, I Love You*)

3. 通过视频进行听力教学

培养学生的跨文化交际意识是英语教学的目标之一,因而也是听力教学的一项重要内容。教师可为学生推荐教学影片、原版电视剧、原版电影等视频资料,以提高学生对文化冲突的理解力。下面是一些主题积极、内容健康的影片。

《勇敢的心》(*Brave Heart*)

《雨人》(*Rain Man*)

《风雨哈佛路》(*Homeless to Harvard*)

《阿甘正传》(*Forrest Gump*)

《叫我第一名》(*Front of the Class*)

《美丽心灵》(*A Beautiful Mind*)

《狮子王》(*The Lion King*)

(三)任务型教学法

任务型教学模式是指通过完成真实的听力任务来提高学生的听力理解能力的一种教学模式,它强调听力学习任务的真实性。一般来说,听力任务可以分为课堂小型任务和课外项目任务。课堂小型任务比如排序、分类型任务,即让学生听完后把物品、事实或发生动作按时间、逻辑顺序排列;教师也可以把课文图片、段落或重点小结的顺序打乱,然后让学生重新按顺序排列。课外项目任务,如问题解决型任务,即学生根据听力材料和已有的知识来解决听力材料和现实有关的问题。具体而言,任务型听力课堂教学程序包括以下三个阶段。

听前任务(pre-task)阶段,听中任务(while-task)阶段和听后任务(post-task)阶段。

1. 听前任务阶段

听前任务的设置应能够帮助学生激活已有的与听力材料有关的背景知识。除此以外,教师还要根据听力材料的内容适当地给学生补充背景知识。这里的背景知识包括两个方面:内容背景知识和形式背景知识。其中,前者是指对不同国家、社会与文化的了解,而后者则指对文章文体、类型、结构等语言知识的了解。

听前任务的设定能够帮助学生回忆已有知识,通过激活背景知识降低学生听解的难度,使学生将旧的知识和新的知识加以结合,增进理解,在完成任务的过程中获得成就感和听力学习的信心。

例如,在教授主题为 *The Oscar Statuette* 一课时,教师可以设计如下活动。

首先,教师利用幻灯片向学生展示从网上下载的奥斯卡金像奖杯图片。

接着,教师提出以下问题:

(1)What is the figure in the picture?

(2)Can you describe the figure?

(3)Why is it named Oscar?

然后,教师可以组织学生对问题进行讨论,并鼓励学生说出自己所知道的关于奥斯卡及奥斯卡金像奖的信息,之后组织学生在课堂上陈述各小组的讨论结果。

最后,播放关于奥斯卡金像奖来历的视频。

通过图片展示、学生陈述、观看视频这三个环节,学生头脑中关于奥斯卡金像奖杯的背景图式完全被激活并且得到加强,为接下来的听力练习做好了充足的准备。

2. 听中任务阶段

听力中任务阶段注重语言的输入与输出相结合,这一阶段以学生展示任务完成结果为主。传统的英语听力课堂教学模式是让学生先听一遍录音,然后做教材上的练习题,之后教师讲解答案,最后安排学生重复听一遍录音。在这种模式的教学过程中,学生完全处于被动接受的地位,即认知上的单一输入。依据克拉申(Krashen)的观点,二语习得必须通过理解大量反复出现的输入语,即可理解性输入(comprehensible input)才能完成。习得者在接触大量输入的语言时,往往需要借助交际情景和具体的上下文来理解这些输入语,从而自然而然地掌握其中涉及的句子结构,最终实现语言的交际功能。简单地说,话语能力(即有意义的自然输出)是在习得者通过理解性输入达到一定语言能力时自然产生的(黄玉霞,2011)。因而,对于英语听力课堂教学来说,输入与输出即听、读与说、写同等重要,听力课堂教学的意义在于将听说活动有机地融入一个教学框架内,帮助学生在真实、完整的交际过程中掌握用英语进行交际的技能。

在听力中任务阶段,教师在设计听力任务时,除了要合理使用教材上相关的听力练习之外,也要尽量设计一些问题,引导学生开口说英语。例如,教师可以设计一些细节问题,让学生重复听录音之后口头回答;或是设计一些文章中没有具体答案的开放性问题,这样的问题有助于学生通过听前的图式建构和听中的信息获取并积累背景知识,从而在讨论中有话可说。此外,教师也可以设计一些其他形式的口语练习,激发学生参与的积极性。

3. 听后任务阶段

听力后任务阶段是结合学生听力任务展示所反映的问题进行词汇、语法,以及听力策略的专项训练。听后活动的主要任务不仅仅是检查答案,而且应该查找学生存在的问题,针对问题进行相关指导。此外,由于听力材料一般都会包含一些运用语言的良好例证,如建议、邀请、拒绝、道歉等。在听力实践后,教师可以让学生回忆这些表达方法,学习使用它们。

第二节　基于跨文化理论的英语口语教学

一、英语口语教学简述

(一)说的含义

"说"是通过运用语言来表达思想、进行交际的一项技能。相较于书面语来说,说是一种有声的语言,是语言输出的一种形式。

说与听是密切相关的,是在听的基础上不断发展的。一般来说,说的发展主要经历了以下三个阶段:在说的动机下产生了言语的雏形;发现了内在语言的构成要素;经过语言逐渐向外在语言转换。

具体到英语这门语言,"说"主要包含两个层面:说的技能和说的能力。说的技能简单来说就是口语的实际表达状态,是从对语言知识的掌握到说的技能形成转变的一个必需环节。说的能力则制约和调节着说的技能。也就是说,如果说的能力强,那么说的技能必然很好;如果说的能力弱,那么其说的技能必然也很差。

(二)英语口语教学的地位

可以毫不夸张地说,口语是人类社会使用最频繁的交际工具之一,这就使英语口语教学在整个英语教学体系中占据着十分重要的地位。

1. 促进语言知识和实践的结合

长期以来,我国的英语教学采取的教学模式都十分传统,在教师以及学生看来,英语这门语言仅仅是一种知识系统,与个人的语言能力没有关系。随后,社会以及科技的发展促进了很多新的教学法的出现,进而使英语教学领域认识到任何一门语言的学习其实都要掌握语言的形式与功能,这对于学习者而言的意义是同等重要的。学生在英语课堂上通过学习语音、词汇、语法、句型等英语知识,并不意味着学生就掌握了英语这门语言,因为这些内容都需要经过实践的真实检验,即通过实际的交际才能真正转化为学生的语言能力,特别是口语实践。所以,要想将英语教学理论与英语综合运用能力有机结合起来,就必须强化英语口语的训练,重视英语口语的教学。同时,这也是扭转知识与能力脱节现象的有效手段。

2. 符合语言和学习语言的规律

听、说、读、写、译等都是语言能力的具体表现形式,可见语言能力是一个综合概念。需要特别说明的是,各项语言能力之间具有相辅相成的关系,相互之间并不是彼此孤立的。换句话说,任何一项能力的欠缺都会对语言的综合运用带来影响。

根据语法翻译法的相关理论,语法分析与翻译理解是英语教学过程中的重要内容,甚至唯一内容,语言习惯的养成与口语训练被严重忽视。近年来,很多现代英语教学法,如交际法、直接法、自觉实践法等都对口语训练给予充分的重视,积极进行口语教学方法的有益探索。

综上所述,口语能力是综合语言运用能力中不可或缺的重要内容,将口语训练与学生的语言学习有机结合在一起,既能将学生的语言能力提升至一个新的高度,又与语言学习的客观规律相符合。

(三)英语口语教学的内容

1. 语音训练

语音是学习英语口语的基础,口语能力强的人其语音也是清晰标准的。具体来说,语音训练就是掌握正确的语音和语调,包括重读、弱读、连读、音节、意群、停顿等。

2. 词汇

没有足够的词汇量就没有足够的输出语料,也就不能进行信息的交流和沟通,可见词汇是沟通的基础和前提。因此,在英语口语技能教学中,应注意加强学生词汇量的积累。

3. 语法

语法是单词构成句子的基本法则,要想实现沟通的目的必须要构建出符合语法规则的句子。只有句子符合语法规则才可以被听者理解,因此语法也是口语教学涉及的重要内容。

4. 会话技巧

口语教学的最终目的就是为了交际,学习并运用一些会话技巧可以使交际顺利进行。

5. 文化知识

文化知识也是英语口语教学十分重要的内容。交际的得体性决定了学生必须掌握一定的文化知识,包括普通的文化规则和不同文化之间的交际规则。这就是说,学生除了要具有扎实的语言基础知识外,还要具备一定的文化知识。文化对语言的影响和制约主要表现在两个方面:影响词语的意义结构,影响话语的组织结构。例如:

Sam's effort was in vain, like carry coal to Newcastle.

可以看出,以上句子中的单词都非常简单,但是如果不理解Newcastle 是英国的一个以产煤而闻名的城市这一内涵,那么学习者也将不能理解后半句所隐含的意思,也就很难了解说话者对Sam 努力的看法,进而因不知如何回答而使得跨文化交际不能顺利进行。可见,文化因素对英语表达能力的作用,了解文化知识将有助于口语学习者顺利地开展跨文化交际。

(四)英语口语教学的原则

为更好地实现让学生对英语进行熟练、准确应用的目标,口语教学应坚持相应的教学原则,主要包括以下几项。

1. 互动性原则

机械练习在口语教学中极易使学生感到枯燥乏味,打击学生的兴趣与信心。因此,口语教学还应坚持互动性原则,使口语训练充满互动性,使学生能够在互动练习中不断提高口语表达技能。

根据互动性原则的要求,教师为学生设计的话题应能够使学生展开互动性的练习活动。换句话说,"动"是互动性原则的核心。如果教师采取传统的口语教学模式,在课堂上仍以提问、回答为主要方法,则学生对口语表达的参与是被动的,这会影响学生口语能力的提升。因此,教师可采取多种多样的方法,如角色扮演、对话练习、小组讨论等,使学生之间进行有效的互动练习,从而打破呆板的课堂气氛,为学生营造一种愉快、轻松的学习环境,使他们思维始终处于活跃状态,进而全面提高他们的口语表达能力。

2. 鼓励性原则

一般来说,学生的口语表达不仅受语言因素的影响,还常常受到一些非语言因素的影响,如心理因素、文化因素、生理因素、情感因素、角色关系因素等,使很多学生在口语练习中不愿意开口。著名学者崔(Tsui)于1996年围绕学生不愿意开口说英语这一主题开展了专项调查研究,并将其原因总结为以下五个方面。

(1)学生怕说错而担心其他同学耻笑而不愿说。

(2)学生认为自己的语言水平低,因此不愿意说。

(3)教师提出的问题难度过大,学生本身就不理解。

(4)话轮分配的不均匀。

(5)教师提问时对沉默难以容忍,学生不愿意回答的结果无非是两种,一是教师自问自答,二是由成绩好的学生开头说。

因此,为使学生更加积极地参与到口语练习中,教师应为学生设计一些有意义的活动,并营造出一个较为安全的学习环境。

在著名学者努南(Nunan,1999)看来,鼓励学生并使他们大胆说英语是口语教学中一项很重要的原则,因此教师应为学生创设更多有意义的语境。在这样的语境下,学生不会担心受到嘲笑,这样才能更好地进行口语练习。针对一些口语基础较差的学生,教师可考虑采取"脚架式"教学等方法,使教学策略与学生的状况相一致。

3. 渐进性原则

口语能力的提升常常需要一个日积月累的过程,因此口语教学应层层深入、由易到难、循序渐进地展开。例如,我国大学的学生通常来自全国各地,很多学生的英语口语表达都会或多或少受到方言的影响。面对这样的情况,教师应分析学生的语音特点与发音困难,进而为学生纠正发音提出建议与指导,使学生按照由易到难的顺序,从语音、语调、句子、语段等层面逐渐提高,主动、积极地说出发音规范的英语。

需要注意的是,教学目标的设计要科学合理,过高的目标会给学生带来过多的心理压力,过低的目标难以调动学生的积极性与兴趣,因此教学目标既不能过高也不能过低。

4. 先听后说原则

听与说是一个问题的两个方面,二者之间存在相辅相成的关系。具体来说,说以听为前提。在具体的口语交际过程中,只有首先听懂对方的话语,才能据此进行回应,使交际顺利进行下去。

在口语教学过程中,学生通常先通过听来进行词汇量与语言信息的积累。当这种积累达到一定程度之后,学生的表达欲望也逐渐被调动起来,他们就会尝试着进行口语表达,进而实现真正意义上的口语交际。如果没有听的积累,就不会有说的能力。可见,在口语教学中应坚持先听后说原则,从而使学生在听的基础上积累,通过听来不断提升说的技能。

5. 内外兼顾原则

根据内外兼顾的原则,口语教学应在注重课堂教学活动的同时,对课外活动给予充分重视。这是因为,口语教学应以课堂教学为主,但课外活动是课堂教学的延伸与补充,二者之间是相互配合、相互促进的关系。以课堂教学为基础来组织相应的课外活动既可带领学生对课堂知识进行及时的复习与巩固,还可使他们充分利用课外活动的机会来对知识予以运用,加快从知识到技能的转化过程。同时,课外活动没有课堂环境中的正式气氛,学生能以一种轻松、愉悦的心情来参加口语练习,教师也能更加及时地对学生进行指导,有助于学生在不同场合下进行流利、正确、恰当的口语表达。

在完成课后作业的过程中,教师可对学生分组,使他们以组为单位来完成任务,相互之间可围绕任务进行讨论,既有利于不断提高学生的口语能力,还能培养他们的沟通能力、理解能力以及团队合作能力。

二、英语口语教学中的文化因素

中西文化差异在口语教学中体现得十分明显,对英语口语教学的影响也很大,教师在教学过程中要多加注意。

(一)思维模式差异

除了词汇文化差异对口语表达具有影响外,中西方思维模式差异对口语表达也有着巨大的影响。首先,中西方思维顺序的差异,导致英汉语序配列的不同,如汉语中的"九五折",英美国家的人会说 a five percent discount。这是因为中国人看重的是打折后的实付款比例,而英美国家的人则更看重折扣的比例。其次,中西方观察事物所取的视角倾向不同,如汉语中的"防寒服"对应的英文是 warm clothes。最后,中西方对时空的感知也存在差异:西方人习惯以小见大,而中国人则从大到小;中国人表达地点的顺序为省—区—路,西方人则完全相反,如 Oxford street,London,W.C.2,England。英汉思维方面的差异对学生口语表达的准确性、流利性以及多样性都会产生重要的影响。因此,在英语口语教学中,教师应该培养学生中西思维方式差异意识,帮助他们运用英语母语者思维方式产出符合目的语思维习惯的地道口语表达。

(二)社交文化差异

中西方社交文化存在诸多差异,这些差异对口语交际及口语教学的影响是显而易见的,直接影响着口语交际者在交际过程中的应答或反应。这里主要通过以下几个方面介绍中西社交文化差异。

1. 寒暄

中国人初次见面时常常会问及对方的年龄、工作、家庭情况等，如"你今年多大了？""你是做什么工作的？""你结婚了吗？"等问题，有时也会表现出对对方的关心，如"你脸色不太好，是不是不舒服？""你好像瘦了，要注意身体啊"等。在平日的寒暄中，中国人则通常会说"去哪啊？""吃饭了吗？"等，表示对对方的关心。但是对于西方人来说，如果他听到"吃饭了吗？"，会以为对方是在邀请他吃饭，从而容易产生误会。

2. 宴请

宴请是每个社会和群体中都存在的现象。不同的文化，不同的习俗，不同的思维下会产生不同的宴请方式。

中国人历来重视礼仪和形式，讲求礼尚往来，在受到别人的帮助后，出于感谢也会请客吃饭。宴席举办前会发请帖以示尊重和敬意。宴席之日，东道主会在门口亲自迎宾。宴席开始后，席间的客套话也是此起彼伏，如"感情深，一口闷""略备薄酒，不成敬意"等，主人向客人们敬酒，客人们回敬。此外，中国人十分好面子，重名声，因此宴席往往会尽力操办，追求气派。也因此，中国人的宴请往往有铺张浪费之嫌。除了主人自备宴席外，还可以临时性请客。在结账时，为了表示礼貌和风度，也会争先抢后地"掏腰包"。

西方人在进行宴请前都会向客人发出电话或口头邀请，并将具体的时间、地点和活动内容等说明清楚，并要请求对方给予答复。例如：

I would like to invite you for a reception at my house at 7 Saturday evening, can you come?

Would you like to spend the weekend with us in the mountains?

他们认为没有说明时间、地点和活动内容的邀请就不是真正意义上的邀请，同时重视对方的回复。受邀者通常也会明确拒绝或爽快答应,并表示谢意。在拒绝别人的邀请时,首先要表示感谢,接着再表示歉意并说明原因。

西方人在安排饮宴时不像中国人那样讲排场,求面子,而是更看重饮宴现场的情调。他们会进行精心地布置,选择静谧温馨的,新颖奇特的或是热烈火爆的场所。饮宴的形式多以自助餐、酒会、茶话会等为主,客人们十分随意,没有过多的客套话,主人也仅会说一句"Help yourself to some vegetables, please",此后客人便可以自由吃喝。在饮宴结束离开时,也只是轻握一下手或点头示意即可。

3. 答谢

在受到别人的感谢时,常常需要答谢。这是一种礼貌的行为,能够维持良好的人际关系。但中西方在答谢方面体现出了明显差异。

具体来说,中国人在答谢时往往会说:"不用客气""别这么说""过奖了""这是我应该做的"等,以表示谦虚的含义。但如果与西方人交往时这样回答"It's my duty"就违背了初衷,因为"It's my duty"的意思是"这是我的职责所在",是不得不做的。

此外,中国社会推崇"施恩不求报"的美德,因此人们在答谢时往往推脱不受,对受惠者给予的物质回馈或金钱奖励也常常当场拒绝,实在无法拒绝而收下时也会说"恭敬不如从命"。

西方人对待别人感谢之词的态度与中国人有很大的不同,他们常常会说"Not at all""It's my pleasure""Don't mention it",或"You're welcome"。在收到物质回馈或金钱奖励时也往往高兴地接受,他们认为这是对自己善举的肯定和尊重。

三、跨文化理论下的英语口语教学方法

（一）创境教学法

英语学习不是在真空中进行的,而是发生在一定的情境中,

口语学习更是如此。例如,一个学生即使之前的口语很薄弱,其在出国或与外教学习一段时间后,口语水平会有很大的提升。这就是因为学生的口语学习是在真实的语言情境下进行的。因此,教师在教学过程中应注意把真实的社会语言情境引入口语课堂,将抽象的语言教学变为生动化、形象化的互动教学。这里主要介绍角色表演这一情境创设方式。

角色扮演能有效调动学生学习积极性,它简便易行,且有效避免了机械、重复、单调的练习,深受学生的喜爱。在角色表演中,教师要为学生提供一个真实情景,并给出情境中的人物角色,让学生扮演角色进行交际。角色扮演能够给学生提供在不同场景里以不同的社会身份交际的机会,这样可使学生全身心地投入到活动中。

学生是角色扮演活动的主体,其可以自行分配角色预先排练,然后在全班同学面前表演,而教师只在必要时进行适时指导,尽量不要干预其中。角色扮演的形式主要有三种:个人表演、两人结对演出、小组表演。例如:

Situation: A Chinese student discusses some resource saving and environmental protection techniques with her host mother in Britain.

Role A: You're studying in a university in London and staying with a British family. You do not understand why the host family has the air-conditioning on almost all the time.

Role B: You're British and think it is necessary to keep a constant temperature in the house, for it makes you and your family more comfortable.

这是一个两人结对表演活动,根据上述情景和角色划分,学生可能输出如下对话。

A: You know, Mrs. Brady, I've been meaning to ask you something...

B: Yes, dear, what's that?

A: Well, why do you always keep the air-conditioning running?

B: Why, would you rather swelter in the heat?

A: Well, it's not that. It's true that sometimes it's really hot outside and then I'm quite happy not to suffer, but it seems to me that the air-conditioning has become a habit and you keep it on even on days when it isn't so hot.

B: We like to have a constant temperature in the house, you know.

A: But it means there are always an artificial atmosphere, and never any fresh air. Why do you keep it on cooler days rather than turning it off and opening the windows? You could reduce your power bill by quite a lot too.

B: Are you trying to save me money? Am I charging you too much rent?

A: Oh no, it's not that. But we were talking in class the other day about being environmentally conscious and I was thinking that not only is the air conditioning bad for the environment, it's bad for our health and it's expensive.

B: Well, you may be right. It's just part of our lifestyle, you know. I'll tell you what. Why don't we talk about this with the others over dinner tonight and see what they think?

A: OK, Mrs. Brady, which will be interesting. Thank you.

在学生表演结束之后,教师还需要对学生的表演情况进行评价,尽量多表扬和鼓励学生,同时恰当地指出表演和口语表达上的不足。

(二) 文化植入法

文化植入并不是生硬地插入,否则和一般的文化课程就无异了,因此教师教学中要采用合适的植入方式,将内容很自然地融入教学中,使其服务于口语教学,这里要注意不能喧宾夺主,而是要起到潜移默化的效果。具体来说,文化植入的方式主要有以下两种。

（1）直接呈现。直接呈现是指教师选择与教学内容密切相关的文化主题,然后在课堂上将其直接呈现给学生,引导学生理解这个文化主题。教师在呈现时,可以通过一定的方式将其导入教学内容,如借助多媒体教学设备进行呈现。

例如,在学习有关建筑物的口语课堂上,有很多有关对建筑的描述和表达方式需要进行呈现和练习。此时,教师可以利用多媒体设备,将不同建筑的时代背景、风格特点等向学生进行展示,同时融入教学要求掌握的一些表达方式。这些内容最终将课堂导入到教学主题,引导学生了解学习内容,并使用所学内容进行操练。通过呈现,学生了解了不同建筑的风格后,这样在其表达练习中会更有针对性,也更容易加深印象,掌握知识。

（2）间接呈现。间接呈现是指教师根据教学要求和学生实际情况,灵活设计一些小活动,如游戏、竞赛等,并将文化内容有效植入到这些活动中。

第六章　基于跨文化理论的英语阅读、写作、翻译教学

读、写、译是英语教学的重要内容。这些内容的教学也不可能避免地会受文化差异的影响,所以教师应对此给予重视,引导学生学习相关的文化知识,促进读、写、译的学习。本章探讨基于跨文化理论的英语阅读、写作、翻译教学。

第一节　基于跨文化理论的英语阅读教学

一、英语阅读教学简述

（一）阅读的含义

阅读是一个复杂的认知、情感过程。语言学家与心理对阅读的概念进行了不同的描述,下面选取几种加以介绍。

吉布森和利文（Gibson & Levin,1975）将阅读定义为"从文本中提取意义的过程"。

西尔伯斯坦（Sandra Silberstein,2002）认为,阅读是一种较为复杂的信息处理技能,在这一过程中,读者与文本之间进行互动,从而（重新）产生有意义的语篇。

安东尼等人（Anthony et al.,2007）给阅读下的定义是:阅读是通过读者已有的知识、书面语言表示的信息以及阅读情景的语

境之间动态的交互而创造意义的过程。

张必隐认为,阅读是读者从书面材料中提取意义,同时对其非智力因素产生一定影响的过程。

综合上述对阅读的描述,这里将阅读定义为:阅读指读者通过对书面材料进行认识与理解而在自己的头脑中创建意义的心理过程。

（二）英语阅读教学的地位

通过英语阅读教学可以巩固学生的语言能力与知识体系,让学生利用自身的阅读技能扩展自己的知识视野,如学生阅读英语广告以及报纸之后,可以了解到这门学科之外的范围更加广阔的信息。

通过英语阅读教学,可以充分陶冶学生的情操与胸怀。因为英语阅读教学不仅仅教给学生单纯的英语语言知识,而且通过英语阅读教学可以提高学生的整体文化素养。例如,学生可以阅读英文小说、英文诗歌、英文散文等,在阅读的过程中充分享受美,与主人公产生情感上的共鸣,充分陶冶情操与情感。

总之,英语阅读教学的重要性在于可以帮助学生学习英语知识、获取信息、陶冶情操。此外,需要提及的一点是,英语阅读教学在讲授语言知识的同时,还应介绍英语国家的背景知识,只有这样,英语阅读教学的意义才可以得到有效的体现。

（三）英语阅读教学的内容

英语阅读教学包含培养学生的各种阅读技能,通常包含以下几个方面的内容:"（1）辨认单词;（2）猜测陌生词语;（3）理解句子之间的关系;（4）理解句子及言语的交际意义;（5）辨认语篇指示词语;（6）通过衔接词理解文字各部分之间的意义关系;（7）从支撑细节中理解主题;（8）将信息图表化;（9）确定文章语篇的主要观点或主要信息;（10）总结文章的主要信息;（11）培养基本的推理技巧;(12)培养跳读技巧"①。

（四）英语阅读教学的原则

在开展英语阅读教学时,教师需要从学生的兴趣出发,并保证教学内容的针对性、渐进性、真实性。因此,总结起来需要坚持如下思想原则。

1. 兴趣性原则

兴趣可有效激发人对某一事物的兴趣,并且将一个人的积极性、主动性充分调动出来。正因为如此,"兴趣是最好的老师"这一观点得到普遍认同。所以,教师在英语阅读教学过程中也应采取丰富多样的手段将学生的学习兴趣调动出来,使他们在兴趣的带领下积极参与到英语阅读中来,即采取兴趣性原则。

具体来说,教师可采取下面一些方法。

（1）丰富教学手段。

（2）对教学内容进行适当变化。

（3）有效避免教学活动中的枯燥情绪。

2. 针对性原则

每个学生都有不同于其他学生的独特特点,在阅读学习过程中也会表现出一些个人的学习方式。因此,为充分发挥每个学生的阅读潜能,教师可以学生的特殊需求为基础来采取针对性教学,即因材施教。

具体来说,为更好地调动成绩较好学生的积极性,教师可安排他们阅读一些具有挑战性的材料,使他们在不断的练习中逐步提高阅读水平。总之,教师应因材施教,对不同类型的学生采取不同的措施与方法。

3. 渐进性原则

阅读能力与阅读速度是既有联系又有区别的一组概念。因

---

① 何少庆.英语教学策略理论与实践运用[M].杭州:浙江大学出版社,2010:120.

此,教师应该从阶段和目的出发,对阅读效果反馈、阅读任务确定、阅读方法选择等因素进行综合考虑,对学生的阅读速度渐进调整,使其达到张弛有度,具体可采取以下手段。

(1)教师在英语阅读教学的起始阶段应将学生对阅读材料的理解作为重点,因此可适当放慢阅读速度。

(2)随着英语阅读教学的不断深入,学生在词汇量扩充、语法知识的增加,以及语感提升方面都会逐渐取得进步。

4.真实性原则

教师运用真实性原则时,应从以下两个方面来入手。

(1)阅读目的的真实性。教师应深刻认识阅读教学的目的,并据此来对阅读练习进行多样、丰富的设计,选择合适的教学方法。通常而言,学生的英语阅读目的也是多种多样的,有的是为了对自身的语言知识进行获取和验证,有的是为了消遣,有的是为了批判作者的思想,因此教师应依据目的的不同来采用对应的教学方法和练习。

(2)阅读材料的真实性。为了更好地激发学生的阅读兴趣,教师应选择学生喜闻乐见的或与学生的日常生活紧密相关的阅读材料。此外,教师应重视阅读材料中的语言使用情况,应使其与学生的实际语言水平相适应。同时,为对学生的阅读技能进行专项训练,教师还可以选择不同体裁与题材的阅读材料,从而提高学生的综合阅读能力。

二、英语阅读教学中的文化因素

关于英语阅读教学中的文化因素,这里主要从词语(词汇)、句子两个层面展开分析。

(一)词语层面

词语是反映文化的一面镜子,一个国家的风俗、历史、政治、观念、经济等都均能在词语中得以体现。很多词语本身中隐含特定的文化内涵。要深入地理解这类词汇，必须了解其背后的文化因素。在阅读理解的过程中，只有了解词汇的文化背景知识，才能使阅读顺利进行下去。例如：

Fairy tales do not tell children the dragons exist. Children already know that dragons exist. Fairy tales tell children the dragons can be killed.

在阅读过程中，遇到这一阅读材料，需要首先了解中国文化中的"龙"和西方文化中的"dragon"之间的差异，这样就很容易理解为什么童话故事要向孩子灌输龙被杀死的观点。

此外，习语、成语、典故等更隐藏着丰富的文化内涵。例如：

The book must be her swan song.

这书是她的辞世之作。

英语 swan song 来自一个西方古代传说——天鹅在临死时会伴有美妙的歌声。了解了这一文化背景信息，学生才能更好地理解句子的含义。

习语、成语、典故中附带了很多鲜明的特色，只有了解其文化内涵，才能更好地进行阅读理解活动。

（二）句子层面

在阅读过程中，对句子的理解主要是调动各种积极因素，如上下文、关联词线索、语法线索、修饰语线索等。但是，如果不了解句子背后的文化内涵，即使学生认识句子中的所有单词，也难以理解句子的意思。例如：

The world was my oyster.

整个世界就是我的盘中菜。

英语原文出自《温莎的风流娘们儿》，牡蛎是获得珍珠的海洋生物，将世界与牡蛎作比，指出对人们来说，世界充满着机遇，人们在这个世界里可以做任何事情。在阅读理解过程中，如果学生不知道这一文化信息，将其解读为"这个世界是我的牡蛎"就是对原文的误解。

三、跨文化理论下的英语阅读教学方法

跨文化理论下的英语阅读教学可以采取以下方法来教学。

（一）语篇分析训练法

"语篇的组织模式是语篇组织的宏观结构"（胡合元，2008）。在语篇的生成与解构的过程中，语篇组织的宏观结构发挥着关键的作用。学生掌握了其内在的规律，可以更好地理解与分析语篇，提高阅读理解的效率。

理解语篇的主要目的在于推测作者的观点以及写作意图，侧重于分析主题大意、篇章结构、段落衔接等方面。因此，促进学生对英语文章理解的一种有效途径便是解析文章的语篇结构，归纳出结构特点，找到特定的语篇框架，使学生从语篇层面来认识文化的结构，并通过语篇结构的基本框架对文章进行分析。

常见的英语语篇的组织模式主要包括叙事模式、问题—解决模式、匹配比较模式、概括—具体模式、主张—反主张模式等几种类型，每种语篇模式有其各自的特点。学生只有了解英语语篇的组织模式，才能在英语阅读中自觉使用英语思维模式，促进阅读理解。

在英语阅读教学中，教师可以采取多种方式引导学生熟悉英语语篇模式，并学会对英语语篇模式进行分析，帮助学生逐渐提高阅读水平。

（二）多媒体辅助教学法

随着现代信息技术的迅速发展，多媒体开始受到很多教育者的重视。多媒体与英语教学的结合也越来越受到重视。多媒体可以使声与像、图与文有机地融合起来，具有极强的表现力与强大的功能。将多媒体引入英语阅读教学将会提高教学效果。英语教师应充分发挥多媒体的优势，将教学内容多角度、多层次地

呈现给学生,为学生带来视听感观上的立体刺激,强化阅读学习的效果。

此外,多媒体辅助英语阅读教学能为学生提供大量较为自然真实、生动形象的语言信息以及与之相匹配的情境信息,使学生的阅读学习更轻松、愉快,同时可以帮助学生在脑海中建立起情境与语言输入之间的联系,使学生更好地理解与把握文化背景知识。

第二节　基于跨文化理论的英语写作教学

一、英语写作教学简述

(一)写作的含义

从语言输入与输出的角度来看,写作与口语一样,都是语言的输出活动,属于一种产出性技能。英语中与"写作"相对应的表达是 writing,该词的含义不仅涉及写作的结果,也涉及写作的过程。如果说一篇文章写得好,不仅是说其创造出了漂亮的文章,还说其创造的过程也非常完美。写作过程的好坏直接影响着写作结果的成功与否。关于写作的定义,中外学者从不同的角度出发给出了不同的解释,以下就对一些具有代表性的观点进行说明。

瑞密斯(Raimes,1983)认为,写作包含两大功能,一是为了学习语言而进行写作,通过写作,学习者能够对自己所学的语言知识进行巩固,如词汇知识、词组知识以及语法结构知识等;二是为了写作而进行写作。在写作的过程中,学生动脑表达自己的观点就是强化学习的过程,就是将自己所学知识用于交际的过程,只有通过学习,写作技能才可能获得。

威廉姆斯(Williams,2007)指出,写作并不是口语的附带成分,而是人们传达思想、交流情感的重要形式。写作是非常复杂的,尤其是思维方式的复杂,并且需要写作者掌握多种知识和技能。

卡纳尔和斯温(Canale & Swain)认为,写作不仅是写作者将其语言能力、社会语言能力、策略能力的过程展现出来,还需要将其结果展现出来。

我国学者王俊菊(2006)从认知心理学的角度对写作进行了解释,他认为写作不仅仅是视觉上的编写行为和书写过程,而是一些包含复杂活动的解决问题的信息加工过程。

总体而言,写作是写作者运用书面语言来传达思想、交流信息的过程与结果的集合,其中涉及写作者多方面的知识和技能,还涉及对其意义的传达和信息的加工,因此写作既是语言运用的手段,也是学习运用语言的目的。[①]

（二）英语写作教学的地位

对于英语教学来说,英语写作及写作教学意义非凡。学生写作能力的提升,有助于更好地学好英语,提升英语素质。具体而言,英语写作教学具有如下几点作用。

1. 调动学习兴趣

学生写好一篇优秀的文章,不仅能够让读者获得美的享受,还能够提升自己对美的感受。因此,英语写作教学的成功必然建立在学生写作兴趣的基础上,激发学生的写作兴趣,能够更好地开展写作教学,进而不断提升他们自身的写作能力。简单来说,就是让学生做到以写作为乐。

2. 巩固英语知识

对于中国的学生来说,英语属于第二语言,既然不是母语,那么必然会在学习中遇到各种各样的问题,甚至会出现一些明显的错误。而通过写作教学,教师可以引导学生解决这些问题,让学

---

① 何广铿.英语教学法教程:理论与实践[M].广州:暨南大学出版社,2011:225-226.

生更好地巩固课堂与课外所学。

每一种语言,其都包含自身的语言特色,虽然从一些角度来分析,英汉写作存在某些相通之处,但是差异性占据主要地位。也就是说,英语写作有着自身的规律性,如从书信的写作格式来说,英汉书信就存在明显的差异,如果学生按照汉语书信的写作格式来写作英语书信,那么必然造成交际上的误会。

可见,教师开展写作教学是非常必要的,通过对学生英语写作能力的训练,让学生能够对自身所学的英语知识进行检验。

3. 提升学习能力

记忆对于学生来说非常重要。学生要想能够将所学的单词运用到写作中,必然需要大量的记忆。而在这之中,写作也起着不可磨灭的作用。从心理学的角度来说,写作属于动觉型,通过写作,学生能够更好地记忆单词。因此,通过写作,学生能够加深对单词的印象。对此,在写作教学中,教师应该引导学生通过写作来对单词进行记忆,从而提升他们的综合记忆能力与学习能力。

4. 发展阅读能力

在英语写作教学中,遣词造句占据中心地位。与口头造句相比,笔头造句要求逻辑上的严谨和语法上的准确。在写作的过程中,学生可以自由控制写作的时间与速度,通过仔细地调整与推敲,使写作的内容更具有合理性。通过写作训练,学生对句子、篇章的结构更为熟悉,对题目、内容、上下文关系有清晰地了解与把握,这对于学生的阅读能力的提升是非常有利的。

5. 培养交际能力

英语写作是在交际活动中应用的重要手段,写作的目的在于信息的传递与思想的表达,从而保证交际的有效性。通过写作开展交际是需要在实践中形成和培养的,而英语写作恰好是培养学生这一能力的重要手段。通过写作教学,学生可以在以后的工作中有效发挥自身的写作能力,表达思想、完成工作,甚至开展恰当的跨文化交际。

（三）英语写作教学的内容

一般来说，拼写与符号、选词、句式等都是英语写作教学的内容。

1. 拼写与符号

如果缺少规范的拼写与符号，句子的含义就难以表达，文章的内在逻辑关系也难以体现出来，这就在无形之中提高了读者的阅读难度。可见，拼写与符号是英语写作教学中不可或缺的重要内容。具体来说，学生首先应保证拼写和符号的正确性，以避免引起不必要的阅读障碍。在保证正确性的基础上，学生应努力使拼写、符号规范、美观，易于辨认。虽然这些都属于细节问题，却对写作有着重要的影响作用。

2. 选词

在不同的文化背景下，词汇有着不同的意义。此外，词汇的含义还有表层和深层、基本义与引申义之分。因此，如果缺乏对词汇含义的准确了解，就很难在写作过程中依据表达需要来选择适当的词汇，这将对写作效果造成消极影响。词汇的选取既是作者与读者进行交流的一种方式，也是作者写作风格的体现，且常常取决于作者的个人喜好。所以，在进行词汇选择时一般要考虑语域的影响，如非正式词与正式词、概括词与具体词等。此外，还应注意感情色彩的因素，如褒义词与贬义词的选择。

3. 句式

句式对于写作来讲非常关键，因为语篇就是由一个个词与一个个句子通过一定的组合而构成的。英语句法结构丰富而多变，对句式的掌握与运用是进行英语写作的利器，这就使句式成为英语写作教学的重要环节。为提升学生习作的可读性，教师可通过句式练习来帮助学生掌握对句式的运用。具体来说，教师可为学生进行"示范",从而让他们体会句式的表达效果。此外,教师还可组织进行"讨论",使他们在讨论中相互交流认识,深化对英语句式的认识。

(四)英语写作教学的原则

在英语写作教学中,教师应该遵循如下原则。

1. 以学生为中心原则

由于受到传统英语教学模式的影响,很多教师仍奉行"教师+黑板"的方式来进行写作教学。在这种教学模式中,教师是整个教学活动的中心,学生只是被动地接收知识。随着英语教学改革的推进,越来越多的人开始意识到学生才是教学的主体,任何教学活动都应围绕学生及其需求来进行。因此,现代英语教学为切实提高学生的英语水平,对学生的学习规律给予充分的重视与尊重,并积极倡导以学生为中心的教学理念。

英语写作教学是英语教学的重要组成部分,同样要遵循以学生为中心的教学原则。教师在英语写作教学的过程中应将自身的主导作用充分发挥出来,树立以学生为中心的教学思想,尊重学生的主体性,切实提高教学质量,提高学生写作水平。以学生为中心的教学原则要求教师在教学过程中鼓励学生真正参与到教学当中来,为此,教师可以采用小组讨论的方式进行教学。小组讨论主要有以下几种方式,教师可以根据教学实际和学生水平灵活加以运用。

(1)复习式。复习是一种很好的帮助学生巩固所学知识的方法。此外,通过复习,学生也可以了解到自身的薄弱之处,从而有针对性地加以改进。需要注意的是,在采用这种方式时,教师要切忌简单地重复知识,而是应该保持一定的新鲜感,以保持学生对写作的兴趣。

(2)提问式。在小组讨论的过程中,提问是一个核心环节。提问的作用是多方面的,它既有利于降低学生的写作难度,还可以引导学生归纳信息、表达思想,学生之间的提问还可以鼓励学生开口,勇于质疑。提问的重点在于得当性,这主要体现在两个方面。首先,教师提问时提问的方式要得当。其次,提问问题的次序要得当。教师应向学生提出明确的问题,从而使学生能够清楚地把握提问的对象,使教师能通过学生的回答得到有效的反馈信息,深入了解学生的学习状况与能力。

此外,教师提问时,为了避免课程秩序的混乱,还要提前对回答的方法或方式予以确定,如写在纸上或举手回答。此外,教师提出的问题应覆盖不同的难易程度,从而使不同能力与水平的学生都能积极参与进来。

(3)卷入式。卷入式也是小组讨论的重要形式。在大部分情况下,这种方法可以让尽可能多的学生参与到写作教学中来。为了向所有学生提供参与、回答的机会,教师可灵活采取多种方式,如让学生重复问题或重复答案、让学生提出问题、让学生集体回答,等等。

(4)反馈式。如果想了解学生的基本情况,反馈式是一种十分有效的方式。小组讨论的效果在很大程度上取决于是否能随时获得全班的反馈信息,因为教师正是根据反馈信息来对课堂进展进行及时调整的,以此来保证全体同学都能参与进来。具体来说,教师如果想了解每个学生的情况,可让学生将答案快速地写在纸上,然后对全班进行巡视、检查。通过巡视,教师就可以获得反馈信息。

(5)学生互助式。学生互助式为多名学生共同完成一个问题的回答或者学生之间的相互问答提供了平台,学生在此过程中还能够学会怎样尊重、支持他人的观点。需要注意的是,学生互助式的关键在于鼓励同学相互协作,解决难题,而不是由教师直接给出答案。

上面简单介绍了小组讨论的几种主要形式。实际上,教师应根据学生的英语水平与班级的大小来综合考虑,因此可以有多种多样的组织讨论的技巧形式。此外,各种技巧也是互相联系、相辅相成、融会贯通的。因此，教师在组织一次讨论活动时，可灵活使用各种技巧。无论教师采取哪一种或哪几种技巧，都应将每个参与者的兴趣充分调动起来，从而使他们开动脑筋，积极参与。总之，教师在应用写作教学过程中，要时刻以学生为中心，将这一原则贯穿到写作教学的各个环节。

2. 循序渐进原则

做任何事情都不是一蹴而就的，而是有个循序渐进的过程，英语教学尤其如此。因为人们对知识的认知总是有一个由浅入深、由低到高、从简单到复杂、从旧质到新质的不断变化和反复巩固、完善的过程。这就决定了学生英语水平的提高需要经历一个长期的持续练习过程，而不可能是一朝一夕就完成的。所以，教师在英语写作教学中要时刻谨记循序渐进原则，遵循先易后难、循序渐进的教学规律。

具体来说，在英语写作教学中，循序渐进主要有三个方面的含义。

（1）就语言本身来看，句子写作是写作训练的基础，然后逐步过渡到段落与语篇。英语写作中的最小单位是词汇，将词汇按照一定的规则进行排列就形成句子；在此基础上，人们借助句子相互传递信息、交流思想；而当句子按照逻辑相关性的系统排列时，就形成了语篇。可见，从词到句子再到语篇，是由简单到复杂的循序过程。因此，学生要想打下良好的写作基础首先必须从单词、句子的写作抓起，并逐步向语篇过渡。在学生掌握了基本句型并能够写出简单的句子时，教师可以要求学生根据一些体例写出小段的文章。在具体的练习过程中，教师应从方方面面来引导学生养成良好的写作习惯，如对标点符号、大小写予以充分关注，能够熟练、正确地进行字母、单词和句子的书写等。而在文章的写作中，教师要教会学生如何构思文章、分析段落结构、段落的中心句、句与句之间的逻辑关系、运用正确的写作技巧等。

（2）从写作训练的活动来看，也要注意从易到难，先进行简单训练,然后逐步向复杂过渡。为此,卜玉坤教授曾提出了"大学英语写作分阶段教学的具体方案",这一方案很好地遵循了写作训练活动循序渐进的原则。具体来说,该具体方案包括十个阶段:写简单句;写复合句;段落的组成及要点;文章的文体类别;段落的发展方法;文章的结构;写作的书面技巧细节与修辞手段;写作步骤;范文分析和题型仿写;独立撰写实践。

(3)文章主要有叙述、说明、描写、议论四种文体,因此写作教学也要注意这四种文体的写作练习。具体来说,在进行训练时,应以单项表达方式的训练为切入点。此外,训练中的字数要求应按照从少到多的顺序逐渐提高,应在学生对各单项技能都掌握之后,再开展包括两项到多项技能的组合训练。对于教师来说,其可以先向学生讲解各种文体及其语言特点,然后说明写作要求和字数要求。在学生对各种表达方式的单项技能能够熟练运用之后,再安排学生进行简单应用文的写作练习。

总之,教师在写作教学中要切实遵循循序渐进的原则,不可不顾学生写作实际盲目推进教学,这样只会适得其反。

3. 注重基础原则

在具体的教学过程中,教师经常会发现学生的习作存在这样那样的问题,如套用作文模式、语言基础不扎实、细节写作不完善等,这些都提示教师在写作教学中要先帮助学生打好写作的基础,这样才能真正帮助学生将写作水平提升至一个新的高度。在此主要讨论英汉对比对学生写作的重要影响。

众所周知,英汉两种语言分别属于不同语系,因此具有不同的语言特点。具体来说,英语是拼音文字,属于印欧语系,具有从综合性向分析型发展的特点;汉语是表意文字,属于汉藏语系,其语言特点以分析型为主。语系的不同决定了英汉语在词法、句法、语篇等层面的差异。如果学生长时间受汉语思维影响,就很容易在英语写作过程中体现出汉语的表达方式,即平时所说的Chinglish(中式英语)。因此,教师在英语写作教学中要注意加强词汇和句法的英汉对比教学，帮助学生了解两种语言之间的差异，避免在写作中犯错。

具体来说，在词汇教学中，教师要注意避免英汉单词语义的直接对应性，应注重单词的上下文语境等，以免学生在写作时逐词套译。在句法教学中，汉语句子注重"意合"强调通过语义将句子连接起来，而英语句子注重"形合"，句子之间往往通过连词等来连接，教师要注意加强此类对比，让学生多了解英汉民族思维方式的不同。整体来说，汉语民族习惯整体思维，常常先整体后局部，从大到小顺序排列，英语则相反。

有关英汉语言的对比我们在第四章会进行详细介绍，这里只是提醒教师在写作教学中应注重基础，加强对比，避免学生在写作中因不了解英汉语言差异而出错。

4. 综合发展原则

英语学习是一个系统的过程，写作只是英语教学的一部分，况且英语各项基本技能不是孤立存在的。综合发展原则也就是与听、说、读、译相结合的原则。虽然听、说、读、写各有自己的特点，但在本质上它们之间的关系是相互依赖、相互促进的关系。

（1）写与听相结合。听是重要的语言输入方式，通过大量的听，有利于积累写作素材。教师可多布置一些听写任务，同时要求学生学会听讲做笔记，这样不论对听力还是对写作都大有裨益。此外，把听作为输入的方式可获取写的内容，从而以写来反映听的结果。

（2）写与说相结合。说可以为写奠定基础，而写则是说的发展。此外，说和写都属于信息输出的途径，也都是表情达义的重要手段。教师可以让学生先口头叙述后书面表达，以说作为写的准备，在说的基础上练习写作。

（3）写与读相结合。语言信息的输入主要通过读与听来完成，学生在阅读范文的过程中可以获取一系列的写作资源，如语言、观点、篇章结构等资源，这些通过阅读获得的写作资源在一定程度上减轻学生的写作负担。教师开展写作教学时,可要求学生改编课文对话,同时对时态、人称等方面的变化予以充分关注。此外,教师还可以鼓励学生将课文的主要内容用自己的语言复述出来,这些练习有助于学生在写作过程中避免出现这方面的问题。

(4)写与译相结合。在进行翻译训练的过程中,学生不仅能够提升语言意识,其写作能力也会得到相应的提高。具体来说,教师可以对学生进行表达习惯、句法规则以及篇章结构等方面的指导,让学生了解英汉两种语言的异同,增强思维能力的转换。

5. 多样化原则

只积累基础语言知识是不能提高写作技能的,写作技能的掌握还需要不断的训练才能完成,因此在英语写作教学中,教师应设置多样化的训练形式来锻炼学生的写作能力。教师可以在写作教学中让学生进行仿写、缩写、扩写、改写、情景作文等联系,使学生在实践练习中掌握写作技巧。例如,在仿写练习中,可先让学生观察,然后进行临摹,之后再自主学习,逐渐就会达到熟练的程度。关于缩写,可按照关键词—思考—讨论—复述—动笔的思路进行,将课文中关键词连接起来,然后写出本课的主题或中心思想。扩写能够激发和培养学生的想象力,但学生的想象要符合实际。改写则有助于学生深入了解原文,利于学生把握文章的中心思想。情景作文需要学生积累平时所学的知识点,进而将这些知识点进行提炼并转化为富有情感色彩的文字语言,这有助于锻炼学生的综合能力。此外,在英语写作教学中采用多样化的练习方式,对于激发学生的学习兴趣也十分有利。

6. 重视评估原则

教师在写作教学中尤其要注重遵循评估原则,并不是学生写完作文交上就了事了,学生的习作肯定会存在这样那样的问题,教师只有进行认真的评阅,才能使学生及时得到反馈信息以进一步修改习作,不断提高其写作能力。一般来说,写作教学过程中涉及的评估主要有两种,即结果评估和过程评估。

（1）结果评估。"写作成品"是写作完成的标志,对写作结果的评估也就是对学习成绩的评估。在传统的教学环境中,教师通常采取"等级"方式来对学生上交的作业进行评估,即结果评估。这种评价方式虽然可以在一定程度上帮助学生发现问题,但其缺点也是十分明显的,既增加了教师的负担,也容易使学生失去写作的信心。

根据相关研究成果,要想切实帮助学生提高写作水平,仅依靠写作惯例的监测是远远不够的,还应使用建设性、鼓励性的反馈。此外,对写作过程与写作内容的评估也有助于培养学生对写作的兴趣和正确态度。在面对学生的错误时,教师应避免过度纠错对学生自尊心带来的伤害。教师在学生几经修改或校稿以后及时进行反馈是目前较提倡的做法。教师在给出反馈时,应当以鼓励为主,并在必要时指出需要改进之处。

（2）过程评估。对于英语写作来说,结果评估多于过程评估。然而,如果将写作教学看作一种过程,过程评估的重要性也是不言而喻的。一般来说,过程评估具有十分丰富的形式,且是在写作过程中进行的,既可以由教师进行评估,也可以由教师在示范如何评价的基础上发展学生互评的能力,即由学生以讨论的方式进行。教师可在互评讨论环节为学生提供一些可参考的问题。需要注意的是,这些问题应当对互评的成功起到关键性的作用。此外,学生自评也是过程评估的有效形式。此外,在学生互评或自评时,教师应当提供必需的评价工具,如自我评价表等,给出评价的指标、评价的标准和粗略的评价等级等,使学生在互评和自评过程中掌握一定的依据和方向,增强对自己的评价能力的信心。

二、英语写作教学中的文化因素

（一）词汇文化因素

就我国目前的情况来看,很多院校的学生在进行词汇学习时往往对课文后面的词汇表进行机械背诵。为了实现扩大词汇量的目的,他们将更多精力投入到词汇的表层含义上,对于词汇的深层含义与联想意义则较少关注。这就使他们将词义与适用语境割裂开来,进而导致写作过程中的词汇使用错误。

在英汉语言中,有一些词汇虽然字面意义相同,但是有着不同的情感意义,也就是词的褒贬含义不同。例如,

英语 peasant 一词从历史上具有明显的贬义色彩,指的是社会低下、缺乏教养等一类的人;peasant 与汉语的"农民"一词字面意义相同,但情感意义不同。汉语中的"农民"指从事农业生产的劳动者,被视为最美的人,具有明显的褒义色彩。所以,汉语中的"农民"一词译为 farmer 更合适。

无论是英语中,还是汉语中,均有很多比喻性词汇,如成语、典故、颜色词、植物词等。这些词生动、形象,且具有鲜明的联想意义,被赋予了特定的民族文化特色。尽管有不少英汉词汇的本体可以相互对应,但是也有一些词汇在另一种语言中具有不同的联想意义,或缺少相对应的联想意义。例如:

beard the **lion** 虎口拔牙

black **sheep** 害群之马

as timid as a **rabbit** 胆小如鼠

受文化差异影响,中西很多词汇在象征意义上也有很大差异,这在数字词、色彩词、动物词、植物词等体现得尤为明显。换言之,在不同语言中,同一概念可能被赋予了不同的象征意义。例如,英语的 red 与汉语的"红"虽然均可以象征喜庆、热烈,但英语中的 red 还可以象征脾气暴躁,如 see red,而汉语中并无这一象征意义。

上述词汇层面的文化差异对英语写作往往具有很大影响,如果学生不能很好地把握词汇的文化内涵,那么在具体的写作过程中往往有可能运用错误而带来不良的后果。因此,教师在英语写作教学中要有意识地引导学生掌握这些方面的知识,避免应用不当带来写作表达错误。

（二）语篇文化因素

在英语写作教学中，语篇文化因素主要体现在如下方面。

1. 语篇衔接差异

语篇的衔接手段有两种类型：词汇衔接和语法衔接。词汇重述、上义词、下义词、同义词、搭配等属于词汇衔接；照应、替代、省略、连接则属于语法衔接在词汇衔接层面，英汉语言并没有太大的区别，而在语法衔接层面，二者的差异较大。

（1）替代。所谓替代，即将上文中所提到的内容使用其他形式进行代替，这是语篇衔接过程中经常采用的一种手段。在英语段落中，人们经常使用词汇来传达两个句子之间所形成的呼应关系。在英语语言中，替代的形式有很多种，常见的包括三种：名词性替代、动词性替代、分句性替代。在汉语语言中，人们很少使用替代形式，因而典型的替代形式比较少见。通常，汉语中人们习惯对某一个词或某一些词进行重复，通过重复来实现句子与句子之间的连贯。另外，汉语中还经常使用"的"的结构实现连接。

（2）省略。所谓省略，顾名思义，就是将句子、段落、文章中某些可有可无的成分省略不提。在英语语篇中，人们经常通过省略实现语言凝练、简洁的目的。众所周知，英语语法的结构是十分严谨的，因而不管从形态上而言，还是从形式上而言，使用省略这一方式不会引起歧义现象，因而英语语言中使用省略的情况是很多的，而汉语语篇在省略的频率上则要大大低于英语语篇。另外，英汉语篇对于省略的成分也存在不同表现：英语语篇中不会省略主语，但汉语语篇中除了第一次出现的主语之外，后面出现的主语往往都可以省略。出现这种区别的原因，主要是汉语主语与英语主语相比较而言，其具有的控制力、承接力都更加强大。

（3）照应。所谓照应，指的是当无法对语篇中的某一个确定词语进行解释时，可以从这一个单词所指的对象中找到答案，那么就意味着这一语篇中形成了一种照应形式。从本质上而言，照应表达的是一种语义关系。

在汉语语篇中,照应关系也是随处可见的。汉语中不存在关系代词,但英语中关系代词十分之多,尤其是人称代词。因而,汉语语篇通过使用人称代词来表达英语语篇中所形成的照应关系。

在英汉语篇中,照应关系的类型是基本相同的,不过二者使用这一形式的频率表现出很大的差异性。英语照应中使用人称代词的频率比汉语中要高,这与英语行文通常要求避免重复,而汉语则多用实称有很大的关系。

2. 语篇模式差异

语篇段落的组织模式也就是段落的框架,即以段落的内容与形式作为基点,对段落进行划分的方法。通常而言,英语语篇的常见模式包括如下几种。

(1)叙事模式。

(2)概括—具体模式。

(3)主张—反主张模式。

(4)问题—解决模式。

(5)匹配—比较模式。

这几种组织模式之间可以相互融合与包含。

英汉两种语言的语篇中的叙事模式、主张—反主张模式基本相同。而汉语语篇的段落组织模式也有其自身的特点,主要体现为以下两个方面。

(1)汉语语篇段落的重心位置与焦点通常出现在句首,但其位置也不是固定的,较为灵活,有时其也可能会出现在段尾。例如:

你将需要时间,懒洋洋地躺在沙滩上,在水中嬉戏。你需要时间来享受这样的时刻:傍晚时分,静静地坐在海港边上,欣赏游艇快速滑过的亮丽风景。以你自己的节奏陶醉在百慕大的美景之中,时不时地停下来与岛上的居民聊天,这才是真正有意义的事情。

在本例中，段落的重心与焦点是"真正有意义的事情"，位于段尾。

（2）汉语语篇的段落组织重心和焦点有时并不直接点明，甚至也可能没有焦点。例如：

坎农山公园是伯明翰主要的公园之一，并已经被授予绿旗称号。它美丽的花圃、湖泊、池塘和千奇百怪的树木则是这个荣誉的最好证明。在这个公园，您有足够的机会来练习网球、保龄球和高尔夫球；野生动植物爱好者可以沿着里河的人行道和自行车道游览。

三、跨文化理论下的英语写作教学方法

（一）对比教学法

要想让学生写出的文章用词地道、语句流畅、逻辑连贯，教师就必须引导学生深入了解英语与汉语的差别。大致而言，对比教学法主要涉及以下几个层面。

1. 语句层面

教师在批改学生作文时应指出学生写作中不符合英语表达习惯的语句，并可注明地道的英语表达方式加以对比，使学生更清楚地看到差别，并在不断的修改过程中逐渐学会用英语进行思考与表达。例如：

原文：老、幼、病、残、孕专座。

中式英语表达方式：Seats reserved for seniors, young people, patients, the disabled and the pregnant.

规范英语表达方式：Seats reserved for the old, the young, the sick, the disabled and the pregnant.

分析：英语表达在对词汇进行选择时往往注重读者的感受。

原文：肺炎是传染的。

中式英语表达方式: Pneumonia is contagious.

规范英语表达方式: Pneumonia is infectious.

分析:按照英美人文化习惯,呼吸传染用 infectious,接触传染用 contagious。

2. 语篇层面

语篇是语言的使用,是更为广泛的社会实践。语篇是对将这些语义予以连贯,理解和解读这些具有句际练习的语篇。教师可引导学生了解并思考英语文章是如何发展主题、组织段落、实现连贯的,以此来帮助学生对英语的语篇结构有一个立体的、综合的认识。例如:

Lincoln had many personal qualities that made him dear to the hearts of his countrymen. He had infinite patience and tolerance for those who disagree with him. As President, he appointed men to high government positions whom he considered most capable, even though some of them openly scorned him. He was generous to his opponents. There are many stories about his thoughtful treatment of southern leaders. When the war was over, he showed the south no hatred. Since generosity toward a defeated opponent is admired by Americans, Lincoln fitted the national ideal of what is right.

该例使用事实,增强了文章的可信度,同时也增强了说服力。

（二）网络教学法

网络为学生提供了一个很好的学习平台。教师在写作教学中也可以采用网络教学法,充分发挥网络的优势,逐渐提高学生的英语写作水平。具体而言,教师可以从以下几个方面入手。

首先,教师应鼓励学生在学习过程中利用好网络资源,积累写作素材。在写作过程中,学生可充分利用网络来查询信息,同时学生的自主学习能力、独立思考问题的能力也会得到相应的提升。将网络运用于写作教学中,还有利于转变传统的单向教学模式。

其次,教师还应引导学生利用网络展开英语阅读,逐渐增加词汇量,学习最新的英语词汇,为学生英语写作能力的提升提供有效的辅助。

再次,教师还可以利用网络技术创建网络课堂,提供一个可用于教学、与学生进行互动交流的平台,多与学生进行交流、讨论,为学生的写作实践提供相应的指导。

最后,在英语写作教学实践中,教师应充分发挥网络技术的优势,根据具体的教学实际来进行教学,改善教学效果,为教学增添新的活力。

（三）语块教学法

教师在教学中可以采用语块教学法,培养学生运用语块的意识,促使学生不断积累语块,以使学生在写作过程中可以迅速提取并直接运用,提高语言表达的自动化程度,从而写出地道、精美的文章。具体而言,教师可参看如下两个方面。

1. 建构相关的话语范围知识

所谓相关的话语范围知识,主要包含与主题相关的各种社会知识与文化知识。在传统的写作教学中,这一环节未引起重视,但是不得不说,这是写作教学的第一步。在这一阶段,教师需要完成如下步骤。

（1）引导学生学习和掌握与话语范围相关的知识,可以通过交流形式,让学生对其他学生的相关经历有所了解。

（2）对与话语范围相关的双语语言进行比较,尤其是不同语言的异同点,从而了解这些语言背后的文化背景,以及文化背景对话语范围所产生的影响。

（3）对与话语范围相关的词汇及表达形式进行列举、选择与整理。

具体而言,教师可以引导学生开展如下教学活动。

（1）教师提前为学生准备一些与话语范围相关的语篇,让学生对这些语篇进行比较与探讨,以便于学生发现不同语言的异同点。

（2）在课堂上,教师组织学生探讨自身的经历,如旅游经历,可以让学生对自己旅游过的地方、乘坐的交通工具等进行描述。

（3）为了让学生对主题有着深刻的感受,教师可以组织学生参加与主题相关的活动,如讨论购物主题时可以让学生亲自去超市购物等。

（4）教师安排学生准备一些与主题相关的物品,如实物、照片、视频等。

（5）教师让学生从写作的角度来认真阅读语篇,并对语篇中的语言符号、辨别意义等有所了解。

（6）学生在阅读语篇的过程中,将自己遇到的生词等进行归纳,并将这些新词与已学内容相联系。

以话题 Asking and giving the direction 为例。

（1）必备词汇。

A：place, river, church, cafe, cinema, fruit, clothes, shop, supermarket, theatre, bank, school, building, bridge, bus, station, crossing, bookstore, park, square

B: safe, dangerous, stop, the red/green/yellow light, first, the policeman, the traffic

（2）必备句型。

A：Where is the.../ Is there a... near here?/ Can you tell me the way to... / Which is the way to...

B：Go along...road and take the... / Turn... at the second crossing./Go on until you reach the end. / Walk along this road and turn left or right when you see ... / Go across the bridge.

C：You must wait until the traffic light is green.

If the traffic light is yellow, you must wait.

You have to look left and then right before you cross the street. You mustn't drive too fast when you are in the street.

（3）扩展词汇。

university, gallery, swimming pool, subway, government, building, the Children's Palace, teaching building, pavement, driving license, the high speed road, one-way street/ road, traffic rules

（4）扩展句型。

It's on the opposite of...

It will take you...to do...

It's about 15 minutes' walk/ride

It's beside.../next to/...

Which bus do I need?

You need number...

识记语块的小组合作方式和形式：学生组成4人或6人小组，开展小组内中英文互译、相互听写、相互背诵、相互检查、造句分享等活动。

2. 建立相关语类的语篇模式

在这一阶段，教师写作教学的主要目的如下。

（1）让学生对语类及相关主题的语篇能够清楚的了解和把握。

（2）让学生对语类结构与结构潜势有深刻地了解。

（3）让学生对语篇语境有清楚的了解。

（4）让学生对交际目的、交际功能有清楚的了解。

在这一阶段，教师需要完成如下步骤的工作。

（1）通过分析语篇，向学生传达与语类相关的知识。

（2）通过分析语篇，让学生感受到与语类相关的词汇、结构等，分析这些词汇、结构等如何表达主题。

（3）通过分析语篇，让学生感受语类的社会意义。

具体来说，教师在这一阶段可以安排如下几种具体的活动。

（1）教师为学生阅读一遍语篇。

（2）教师与学生一起阅读语篇，可以是教师领读，也可以是轮流阅读。

（3）教师引导学生根据语篇的内容，对相关社会与文化背景进行推测，如作者写作语篇的目的、所处的时代等。

（4）教师让学生回忆他们在其他时间学过的类似的语篇，并组织学生分小组交流语篇的主要观点、主要内容等。

（5）教师组织学生分析语篇的结构与框架，如语篇由几个段落构成，这些段落之间如何进行连贯等。

（6）教师或者学生寻找一些类似的语篇，对语类结构的阶段方法进行训练。

（7）教师以语类为基础，引导学生对一些规律性的语法模式进行总结与归纳。

（8）教师引导学生思考语法模式与语类的关联性。

例如：

What Accounts for Success?

Recently the problem of smart children's failure has drawn public concern. Statistics show that the smartest children may not become successful in their later career. I think there are several causes for this.

For one thing, these children often face inexorable pressure from other people. They are often expected to do things much better than others do. When they fail to do so, people will think that they are not successful. For another, these children, especially those who were known as smart ones, get success too easily at an early age. This makes them unwilling to do hard work which will lead to success. As we all know, David Beckham has the gift to play soccer, but what he regarded as important is practice. He always said, "Practice is what counts." Another example is that Dennis Rondam <u>was</u> thought to have more talents in playing basketball than Michael Jordan. But certainly he <u>wasn't</u> that famous for basketball. Why? Because Jordan <u>was</u> nearly the most hard-working one of all those who play in the NBA while Rondam <u>wasn't</u>.

From what <u>had</u> been discussed above, we may reasonably come to the conclusion that, although some genius is essential, working bard is also important. In fact that is often the only thing that leads to success.

这篇作文主题鲜明,内容充实,结构明显,层次清晰。作者通过大量的名人事例来阐述观点。但是,文中出现了不少表述错误,尤其是动词时态的使用。针对文中的语法错误,画线部分均应用一般现在时来表示。

第三节　基于跨文化理论的英语翻译教学

一、英语翻译教学简述

(一)翻译的含义

关于翻译的定义,不同学者从不同角度进行了界定。

兰伯特和罗宾(Lambert & Robyns)从文化学出发,将翻译定义为:"Translation is identical to culture"①。他们认为,翻译是一种文化。翻译是一种跨文化的交际活动,不仅涉及语际的转换,还涉及文化因素。要使翻译更准确,译者必须首先熟悉文化背景知识。

---

① Edwin Gentzler. *Contemporary Translation Theories*[M].London: Routledge Inc., 1993: 186.

张培基(2008)认为,"翻译是运用一种语言把另一种语言所表达的思维内容,准确而完整地重新表达出来的语言活动。"①

根据王佐良先生的观点,翻译不仅仅涉及语言方面的问题,同时涉及文化方面的问题。因此,译者要对外国文化与自己民族的文化都有一个深入的了解,同时对两种文化进行比较。这是因为对应在各自文化中的含义、作用、范围、感情色彩、影响等方面都是大概一致的。

基于上述观点,这里将翻译定位为:翻译在一定目的指导下,在目标与文化框架内将源语信息转化成译语信息的过程,从而实现特定交际目的的跨文化交际活动。当然,完全再现源语信息是不可能的,因为这样的翻译其实只是实现了部分翻译。

(二)英语翻译教学的地位

开展翻译教学,目的在于培养高素质的英语翻译人才。总之,翻译教学有着重要的地位和作用,具体表现为如下几点。

1.利于增加学生的文化背景知识

众所周知,翻译不仅是两种语言之间进行的转换活动,更是两种文化之间的转换活动,因此为了保证翻译的质量,学生就必然需要掌握语言背后的文化。这就是说,在翻译教学中,教师除了给学生讲授翻译知识外,还需要将文化层面的知识融入进去。当然,文化知识不仅是目的语文化知识,还需要讲授母语文化知识,对两种文化知识进行对比,从而让学生了解语言差异产生的根源。因此,通过翻译教学,学生可以掌握很多与语言相关的文化知识。

2.利于提高学生的英汉语言修养

学生在翻译时,不仅要保证译文的完整性与对源语意义的准确再现,还需要保证译语的风格与源语的风格的一致、译语的修

① 张培基.英汉翻译教程(修订本)[M].上海:上海外语教育出版社,2009:1.

辞手段与源语的修辞手段的一致。因此,通过翻译教学,教师可以引导学生学会这些层面,从而提升学生的英汉语言素养。

对于不同的文体,教师需要引导学生保证不同文体的特色。例如,对于科普类语篇的翻译,教师需要告诉学生：译文应该做到简练,避免深奥、晦涩,让读者可以轻而易举地获取自己想要知道的内容。

在学习翻译时,学生往往会经过多重训练,这对于他们提升自身的语言素养有着重要作用。

3. 利于培养学生的跨文化交际能力

无论对于英语而言,还是对于汉语而言,都有自身的、特定的交际模式。在进行翻译时,学生不仅需要掌握英汉两种语言知识,还需要掌握英汉两种文化知识,尤其是两种文化的差异性,这样才能掌握特定的交际模式。如果学生不了解这种交际模式,那么必然会造成交际的障碍。

通过翻译教学,教师通过讲解两种文化的差异性,有助于让学生掌握一些交际模式,从而便于开展跨文化交际。

4. 利于满足社会对翻译人才的需求

时代不同,社会对英语人才的需求必然也存在差异性,因此英语教学的模式也必然存在差异。近些年,随着全球化的推进,国与国之间的交往更为紧密,这就需要翻译发挥中介与桥梁的作用。翻译者翻译得是否流利、准确,直接影响着交际的开展。因此,21 世纪对翻译人才的需求更大、要求更高。

因此,开展翻译教学显得更为必要,与 21 世纪的社会需求相符,也有助于培养出高标准的翻译人才。

5. 利于巩固和加强学生的综合语言能力

英语教学包含五项技能,即我们熟知的听、说、读、写、译。在这五项技能中,翻译技能起着重要的作用,且学生会将自身所学的知识运用于口译、笔译中。在笔译中,通过深层次地分析和研究源语的语音、词汇、语法等含义,从而巩固自身的这些层面的知识。在口译中,通过与对方进行交际,在对原文分析的基础上进行意义传达,这就锻炼了学生的听说能力。总体而言,翻译教学有助于其他能力的掌握与运用。

(三)英语翻译教学的内容

英语翻译教学的内容具体包括以下方面。

1. 翻译基础理论

翻译基础理论知识包括"对翻译活动本身的认识、了解翻译的标准、翻译的过程、翻译对译者的要求、工具书的运用等"[①]。

学习翻译基础理论知识可以帮助学生从宏观上来确定组织译文的思路。只有确保正确的译文思路,即使有一些细微错误,也有利于学生修改译文。

2. 英汉翻译技巧

翻译技巧是为了保持译文的顺畅,在遵循原文内容的前提下,对原文的表现手法或方式加以改写的方法。翻译技巧有直译、意译、音译、增译、省译、正译、反译、套译等。在翻译学习的过程中,学生应掌握这些翻译技巧,以提高翻译的质量。

3. 英汉语言对比

英语翻译教学内容还包括英汉语言对比,主要涉及两个方面的内容。

(1)语言层面的对比,具体如词法、语义、句法、篇章等的对比,使学生掌握英汉语言的异同。

(2)思维、文化层面的对比。英汉语言通过不同层面的对比,帮助学生在翻译时恰当、准确地传递原文的信息。

---

① 高华丽.翻译教学研究:理论与实践[M].杭州:浙江大学出版社,2008:3.

（四）英语翻译教学的原则

为了保证翻译教学的计划性、目的性、层次性，教师应该坚持一定的原则，在这些原则的指导下，翻译教学才能开展得更好、更有效。下面就对这些原则展开探讨。

1. 普遍性原则

翻译行为本身属于语言行为的一种，而语言行为本身具有经验性特征，这就决定着翻译教学应该坚持普遍性。通过感觉对事物的经验进行把握，这种经验往往是纯粹的经验，是一种局部的、表面的经验，因此很难普遍地说明翻译行为与现象，也很难正确地指引翻译活动。但是，我们并不能将这种经验中的开拓性与典型性抹灭掉，而是应该运用一种科学的态度来认真对待。

翻译活动在普遍性原则的指导下，能够产生新的经验，从而实现真正的调整与检验，并实现深层次的优化与修正。也就是说，教师在翻译教学中必须坚持普遍性原则，以便让学生对普遍原则的基本指导思想有清楚的了解，从而对翻译实践活动进行指导。

2. 精讲多练原则

翻译教学中要坚持精讲多练原则，即包含两大层面：一是要求精讲，二是要求多练。众所周知，翻译教学属于技能教学中的一种，如果仅仅采用传统的方式来开展教学，即先进行讲解与灌输，后进行联系的方式，那么这样的教学方式很难提升学生的翻译能力。因此，就当前的翻译教学而言，教师应该将讲授与练习二者相结合，并在实际的练习中，让学生归纳和总结翻译的相关知识点。

例如，在进行翻译练习之前，教师可以给学生讲解一些相关技巧，然后就让学生进入到练习之中。学生完成一阶段的练习之后，教师要对学生的练习进行仔细分析和批改，然后针对学生的练习进行讲评。需要注意的是，讲评并不仅仅是点评，是基于对原文的系统分析，对知识进行整理，从而将其上升为理论。

3. 实践性原则

在翻译学习中，实践性是其重要的特征之一，这就要求翻译教学也需要坚持实践性原则。在翻译教学中，教师需要为学生创造翻译练习的机会，如去一些正规的翻译公司实习，通过实践来考查自己的翻译能力，如果有所欠缺，那么就需要针对欠缺的层面进行弥补。同时，这种真正的实践训练也有助于调动学生的积极性，还能够为他们以后进入社会奠定基础。

4. 实用性原则

在开展翻译教学时，教师需要与学生的实际情况联系起来，注重实用性。由于学生的翻译学习主要是为之后的工作准备的，这种与学生实际相结合的教学，有助于调动学生的积极性，从而提升教学与学习的效果。

5. 循序渐进原则

任何活动都需要坚持循序渐进原则，当然翻译教学也不例外，过分地急于求成显然不可取。在实际的翻译教学中，教师应该从简单到复杂、从浅显到深刻，让学生逐步学习到翻译知识，并掌握扎实。

例如，在翻译教学的初期，教师应该将翻译的一些基础知识介绍给学生，进而对一些技巧和理论进行讲解。但是，如果教师反过来先讲解技巧与理论，就必然会让学生感觉到晦涩难懂，也让学生很难将知识运用到实践中。

可见，翻译教学中坚持循序渐进原则必不可少，不仅可以提升学生的翻译学习兴趣与积极性，还能够调动学生的自信心，提升他们的翻译技巧与能力。

6. 速度与质量结合原则

在翻译教学过程中，教师还需要注意速度与质量的结合，不能仅注重速度，而忽视译文的质量，也不能仅注重质量，而忽视速度。在翻译时，学生会更多地关注翻译的质量，害怕因为某字词的偏差影响翻译的效果。但是,这样对质量的关注必然会降低翻译速度。因此,在翻译时,除了要注重质量外,还需要把握好速度,这样才能完成翻译任务。

要想提升学生的翻译速度,教师可以对学生开展限时训练,让学生在规定时间内完成任务,并随着学生速度的提升,不断增加难度。

当然,学生除了在课堂上进行限时练习外,还可以在课下进行,这样学生可以循序渐进地把握好翻译速度,在有限的时间内完成翻译作品。

二、英语翻译教学中的文化因素

语言与文化关系,语言是文化的载体,翻译是两种语言之间的桥梁,翻译与文化也息息相关。翻译过程中会涉及各种文化因素,这里主要选取价值观念、思维模式、地域文化以及物质文化几个方面进行论述。

(一)价值观念差异

英汉文化在价值观念方面有很大的差异,这些差异会在一定程度上影响着翻译活动。例如,在西方国家,old(老)一词已经失去了竞争力,并且已经逐渐被淘汰,在表达"老人"这一概念时需要用其他的委婉词语进行替代,如 the advanced in age(年长者), senior citizens(资深者), a seasoned man(历练者)。在翻译实践中,如果学生遇到介绍人们在西方国家的公交车上给老人让座的材料,应译为 courtesy seats,而不是 old man。

(二)思维模式差异

英美人重抽象思维,擅长用抽象的表达描述具体的事物,中国人重具象思维,对事物的描述和表达都尽可能地具体。因此,在表达时,英语多用概括、笼统的抽象名词,而汉语多用具体词

语。在具体的翻译过程中,对英语抽象名词的翻译应注意做具体化处理,而不是简单地直译。例如:

Is this emigration of intelligence to become an issue as absorbing as the immigration of strong muscle?

知识分子移居国外是不是会和体力劳动者迁居国外同样构成问题呢?

intelligence 一词原意为"智力,理解力", muscle 的原意为"肌肉,体力"。在翻译的时候,应注意灵活转变,而应使用"脑力劳动者"和"体力劳动者"来译,将抽象名词具体化后,语言变得流畅,易于读者理解。

(三)地域文化差异

文化具有鲜明的地域性特征,翻译中有时也会遇到地域文化问题。地域文化涉及自然现象、地理方位等方面。这里以方位文化为例。

方位也就是方向。方向包括东(east)、西(west)、南(south)、北(north)。中西民族所处的地理位置不同,对方位的认识也自然不同。

在中国文化中,自古就有"南方为尊,北方为卑"之说。可见,在中国传统文化中,人们对南的位置比较看重。例如,皇帝的椅子是朝向南面的;盖房子也选择南面位置;不少人认为南面的风水好,这受中国传统的文化观念影响很大。而西方人注重北的位置,表达方位也会以北为先。这一差异必然会对翻译产生影响。例如,"从南到北"应译为 from north to south,"南北朝"应译为 the Northern and Southern Dynasties。对两个汉语词汇的翻译都从相反的方向来处理的。

三、跨文化理论下的英语翻译教学方法

跨文化理论下的英语翻译教学的方法主要可以从以下几个

方面入手。

（一）翻译策略法

归化和异化是文化翻译的两种常用策略。学生应根据具体语境，带着辩证的眼光，灵活地运用这两种策略。

1. 归化

归化以源语的语言形式、文化传统和习惯的处理以目的语为归宿。也就是说，归化是"用符合目的语的文化传统和语言习惯的'最贴近自然对等'概念进行翻译，以实现功能对等或动态对等"①。例如：

Both of them always go Dutch at the restaurant.

原译：他俩在饭店一向去荷兰。

改译：他俩在饭店一向各付各的。

这句话如果直译则是：他俩在饭店一向去荷兰。这样的翻译让译语读者不知所云，go Dutch 在原文中是带有文化色彩的词语，荷兰人喜欢算账，无论和别人做什么事，都要同对方把账算得清清楚楚，因此逐渐形成了 let's go Dutch 的俗语。采用归化法使译文读起来比较地道和生动。

——你做的菜真好吃！

——哪里，哪里，几个家常小菜而已。

—What delicious food you've made!

—Thanks, I'm glad you like it.

在中国文化中，谦虚是一种美德，面对别人的赞许，常用避让的方式进行处理。而在西方文化中，面对别人的赞许，人们常会欣然接受。所以，这里应该采用归化策略来译，提高跨文化交际的效率。

等改完了剧本，你再唱你的《西厢记》或再唱你的"陈世美"。

（影片《一声叹息》）

---

① 武锐.翻译理论探索[M].南京：东南大学出版社，2010：128.

After finishing the script, you can play out you "Casablanca" thing.

采用归化进行翻译,译文显得更自然,用英语读者所熟悉的 Casablanca 进行表达,易于读者接受与理解。

2. 异化

异化是以源语文化为导向的一种翻译策略,力求使译文更好地反映异域文化特性和语言风格,使译入语读者领略到"原汁原味"。

例如,一些词汇原本在汉语或英语的语言系统中是不存在的,后通过异化策略翻译,使一些具有浓郁异国文化特色的词语不断被不同文化背景的人们所接受,并广泛传播与运用。

英语:

qi gong(气功)

kong fu(功夫)

tou fu(豆腐)

汉语:

因特网(internet)

酸葡萄(sour grapes)

洗手间(wash hands)

再如:

The town's last remaining cinema went west last year and it's now a bingo palace.

这个城镇留存的最后一个电影院去年也倒闭了,现在它成了一个宾戈娱乐场。

在英语中,bingo 是西方国家为认识的人而设计的一种配对游戏的目的,从而更快地认识来参加聚会的人。翻译时,对其可进行异化处理,运用音意结合翻译为"宾戈"游戏。

宝玉笑道:"古人云,'千金难买一笑',几把扇子,能值几何?"

(曹雪芹《红楼梦》)

"You know the ancient saying," put in Paoyu, "A thousand pieces of gold can hardly purchase a smile of a beautiful woman, and what are a few fans worth?"

（杨宪益、戴乃迭 译）

例中的"千金难买一笑"进行了异化处理,使中国文化特色得以保留,可以帮助目的语读者中导入中国的"异域风情"。

采用异化策略的优点在于有利于打破各种文化差异所引起的沟通界限,有效维护文化的多样性。

（二）文化导入法

在英语翻译教学中,教师要有针对性地向学生导入文化知识,以加深学生对翻译的认识,提高学生的翻译能力。

在英语翻译教学中,教师可以对英汉两种文化进行比较,使跨文化能力与英语运用能力有机集合,使学生不仅学习英语语言知识,而且逐渐吸收语言背后的文化知识,培养文化敏感性。例如,在谈到"死"时,汉英均有委婉表达。在现代汉语中,有关"死"的委婉表达有:"千古""安息""长眠""捐躯""逝世""去世""永别""病故""牺牲""归天""夭折"等,英语中 die 的委婉表达也毫不逊色: go the way of all flesh, breathe one's last, pass away, one's heart ceased to beat, depart from this world, demise, passed over, join the majority, hand in one's accounts, be in the dust, come to untimely end, shuffle off this mortal coil。又如一些词语,因文化背景不同,汉英的表达就不尽相同: as close as an oyster（守口如瓶）, to spring up like mushrooms/as plentiful as blackberries（雨后春笋）, as rich as a Jew（富可敌国）, as strong as a horse（力壮如牛）。再如英汉对"夏天"的联想意义完全不同,一提起"夏天",中国人就联想到赤日炎炎、骄阳似火的六月天,而英国属于海洋性气候,夏日温和凉爽,英国人心中的"夏天"是"小阳春",莎翁佳句有证"Shall I compare thee to a summer's day, thou art more lovely and temperate"。

（三）课外补充法

英语翻译的课时安排较少，仅仅依靠有限的课堂时间，学生难以对英语文化有全面的掌握。因此，英语教师可以引导学生利用好课外的时间，通过多种渠道，更广泛地接触与学习英语国家的历史地理、文学教育、文化风俗等方面的知识。例如，教师在讲授 *How to Make a Good Impression* 时，可以用《时尚女魔头》（ *The Devil Wears Prada* ）电影的形式来讲授，然后让学生进行讨论，给学生留下深刻的印象，并分析其中的交际技巧，实现课文内容的延伸。

第七章　基于跨文化理论的英语情感、课外教学

英语情感教学与英语课外教学是英语课堂教学的有益补充，不仅有利于学生释放课堂学习中的紧张情绪，获得理想的学习状态，还能调动他们的学习积极性，从而全面提升英语技能，因此具有十分重要的意义。

第一节　基于跨文化理论的英语情感教学

一、情感教学综述

（一）情感

情感将主体、客体以及满足需要的三者贯穿于一体，是人类大脑的一种机能。影响英语学习的情感因素主要涉及以下几个方面。

1. 自信心

所谓自信心，是对个体的一种肯定，是学习者对自身能力水平的主观评价。

一般来说，如果某个体的自信心较强，那么他们对英语学习往往保持一种积极向上的心态，也愿意主动思考，积极地接受和完成任务。如果某个体的自信心不强，那么他们通常不愿意主动

参与到英语学习中,因而也难以达到自己的英语学习标准。

2. 兴趣与积极性

众所周知,学习兴趣和积极性对人们有着很大的推动作用,也是英语学习过程中最活跃和现实的成分。具体来说,兴趣与积极性能够激发学习者的求知欲,推动学习者主动积极地获取知识和技能。

（二）情感教学

卢家媚(2012)认为,情感教学就是"以情优教",即运用情感的形式对教学的主导思想进行优化。因此,情感教学的主要内涵是充分发挥教学中的情感因素,以认知心理学为前提来改进教学程序、完善教学目标、优化教学结果。

可见,情感教学就是通过采取一定的教学方法或手段来满足学生的情感需要,在尊重学生个体特征的基础上促进学生全面、系统的发展。

（三）情感教学的意义

1. 有助于学生树立正确的学习态度

大部分学生将英语学习的目的归结为通过考试,这是很多学生英语学习不好的一项重要原因。具体来说,由于缺乏正确的学习态度,很多学生很少主动参与到课堂活动中,只是被动听课、记笔记,因此他们虽然具备了英语的应用技能,却明显感觉到能力不足,不能将英语用在复杂的交际环境中,沟通能力明显薄弱。所以,帮助学生树立正确的学习目的和态度,以便适应实际交往的需要具有十分重要的意义。

2. 有助于激发学习动力

有研究表明,人的自身情感因素会给人的行为与活动产生很大的影响,情感发生变化,人的行为与活动也可能会发生变化。

学生拥有积极的情感,其学习效率就会有相应的提升,如果学生的情感状态比较消极,其学习效率就会有所下降。采用情感教学方式展开教学,可以充分调动学生的学习积极性,在提高动力方面具有积极的促进作用。

3.有助于促进学生的全面发展

在英语课堂教学中,教师要不断激发学生对英语学习的兴趣和积极性,并帮助学生认清自己的优缺点,逐渐转化为学习动机,从而在英语学习过程中养成健康向上的品格,促进学生的全面发展。总之,英语教学应该以培养和促进学生的全面发展为最终目标。

4.有助于调节个人情感

情感教学是一种可以对个人情感强度、性质具有引导作用的教学模式,有利于调节学生的个人情感。这是因为,适宜的情感强度与性质能够使个人的行为活动与认知状态保持在理想水平。换句话说,情感的强度与性质对个体认知过程具有决定性的作用。

5.能够产生迁移作用

学生的学习兴趣在很大程度上影响着学习效果。据此,如果要想有效提高学生的学习效率,教学中应注意将引起学生的兴趣作为一项有效的方式。情感教学能够使学生对某一事物不断产生兴趣迁移,从而使他们的认知功能不断提升。

(四)情感教学的原则

在英语教学中实施情感教学时应遵循科学的教学原则,这样教学效果才会更加突出。具体而言,可遵循以下几项原则。

1.以情施教原则

根据以情施教原则,教师为使情感与知识融合为一体,应在授课时引入积极的情感,从而实现以情促知,达到情知交融。

因此,教师首先要将自己置于积极的情感之上,这样才能带动学生的情感积极性。

2. 寓教于乐原则

寓教于乐原则旨在让课堂教学活动在学生快乐的情绪下进行。这就要求教师在能够预测和把握好一切变量,使学生乐于接受、乐于学习。

值得注意的是,教师应当把调节情绪作为课堂教学活动的一个突破口,而不能整节课都处于调节学生的情绪上,从而使学生的学习状态达到最佳的层次。

3. 移情原则

一个人对其他人或物的情感可以转移到与其有关的对象上,因此移情原则就是要使学生在学习的过程中得到情感陶冶。具体而言,英语教学中的移情一方面指的是教师的情感给学生情感带来的影响;另一方面,教学内容情感因素也会对学生的情感造成影响,文章作者以及文章中的人物的情感都可能会感染到学生,因此教师应注意引导学生体会文章原作者写作时的情感,重视情感迁移,使学生在受到情感陶冶的同时学习语言知识。

(五)情感教学的目标

《英语课程标准》中指出:英语课应"强调课程从学生的学习兴趣、生活经验和认知水平出发,倡导体验、实践、参与、合作的学习方式和任务型的教学途径,发挥学生的综合语言运用能力,使语言学习的过程成为学生形成积极的情感态度、主动思维和大胆实践、自主学习能力的过程。"《课程标准》还对不同学习阶段的情感目标做了一定程度的细分,以使情感教学目标符合不同年龄段学生情感发展的渐进性与差异性的特点。表 7-1 是课程标准对二级、五级、八级的情感态度教学的目标描述。

表 7-1 二级、五级和八级的情感态度分级目标

级别	目标描述
二级	1. 有兴趣听英语、说英语、背歌谣、唱歌曲、讲故事、做游戏等； 2. 乐于模仿,敢于开口,积极参与,主动请教
五级	1. 有明确的英语学习目的,能认识到学习英语的目的在于交流； 2. 有学习英语的愿望和兴趣,乐于参与各种英语实践活动； 3. 有学好英语的信心,敢于用英语进行表达； 4. 能在小组活动中积极与他人合作,相互帮助,共同完成学习任务； 5. 能体会英语学习中的乐趣,乐于接触英语歌曲、读物等； 6. 能在英语交流中注意并理解他人的情感； 7. 遇到问题时,能主动向老师或同学请教,取得帮助； 8. 在生活中接触英语时,乐于探究其含义并尝试模仿； 9. 对祖国文化能有更深刻的了解； 10. 乐于接触并了解异国文化
八级	1. 保持学习英语的愿望和兴趣,主动参与有助于提高英语能力的活动； 2. 有正确的英语学习动机,明确英语学习的目的是为了沟通与表达； 3. 在英语学习中有较强的自信心,敢于用英语进行交流与表达； 4. 能够克服英语学习中所遇到的困难,愿意主动向他人求教； 5. 在英语交流中能理解并尊重他人的情感； 6. 在学习中有较强的合作精神,愿意与他人分享各种学习资源； 7. 能在交流中用英语介绍祖国文化； 8. 能了解并尊重异国文化,体现国际合作精神

具体到文化教学过程中,情感教学的目标可以更加具体,大体上涉及如下几个方面。

（1）客观认识自己的优缺点,认识、完善和发展自我；进一步了解家人和朋友,协调人际关系发展；养成广交朋友、探索世界的主动社交意识。

（2）客观认识自己的专业,认识、完善和发展自我学习能力；引导学生在学习的黄金时期,把学习作为首要任务,作为一种责任、一种精神追求、一种生活方式,树立梦想从学习开始、事业靠本领成就的观念,让勤奋学习成为青春远航的动力,让增长本领成为青春搏击的能量。

（3）客观认识自己的兴趣爱好,提升自身综合素质；增强素质,提升能力,完成时代赋予的历史重任。

（4）珍惜食物,尊重劳动,客观认识我国餐饮文化;尊敬长辈,弘扬中华传统美德。倡导社会公德、家庭美德和个人品德,倡导良好社会风气,以自己的实际行动促进社会道德进步。

（5）深入理解中国的春节、元宵节、清明、端午、七夕、中秋、重阳等传统节日文化内涵,弘扬中国传统文化;传承中华文化的理念、智慧、气质、神韵,提高学生的民族文化自信,实现中华民族伟大复兴的中国梦。

（6）杜绝沉迷于网络的消极生活态度;积极学习和利用现代科技手段,促进学习和生活;利用互联网勤学、创新、开拓进取。

（7）将"爱国"作为调节个人与祖国关系的行为准则;将"忠于职守,克己奉公,服务人民,服务社会"作为自己的社会主义职业精神。将"诚实劳动、信守承诺、诚恳待人;互相尊重、互相关心、互相帮助,和睦友好"作为自己的人际关系准则。

（8）客观认识国家地域文化,树立社会主义文化自信。热爱祖国大好河山,树立民族自豪感。

（9）将"保护环境"与"讲文明、树新风"作为日常行为规范;加强文明旅游的宣传教育、规范约束和社会监督,增强旅游的文明意识。

（10）热爱体育运动,积极体育锻炼,增强身体素质。支持国家体育事业发展。

（11）体验"学有所教、劳有所得、病有所医、老有所养、住有所居"的幸福内涵。积极培育"富强、民主、文明、和谐,自由、平等、公正、法治,爱国、敬业、诚信、友善"的社会主义核心价值观。

（12）以"遵纪守法、艰苦奋斗、服务人民、辛勤劳动、团结互助、诚实守信"为荣。

二、英语情感教学的方法

在具体的英语教学过程中，推进英语情感教学可采取以下几种方法。

（一）激发学生的积极性

大部分学生在课堂上缺乏学习的积极性，而且不愿意主动参与课堂活动，这与传统的教学模式以及应试教育具有十分密切的关系。因此，学生必须充分发挥自己的主观能动性，改变过去被动的学习方式，提高自主学习能力，从而主动参与课堂教学，更好地适应社会需求。这就要求教师要充分发挥引导作用，调动学生的积极性。看以下实例。

Step 1：教师先播放电影《怪物史莱克》（*Shrek*）中 Shrek 和 Donkey 的一段精彩对白：

（at Shrek's swamp）

Donkey：You know you are quite a decorator. It's amazing what you've done with such a modest budget. I like that boulder. That is a nice boulder. I guess you don't entertain much, do you?

Shrek：I like my privacy.

Donkey：You know, I do too. That's another thing we have in common. Like, I hate it when you got somebody in your face. You're trying to give them a hint, and they won't leave. There's that awkward silence, you know.

Shrek：（Looking ironically at Donkey）

Donkey：（embarrassed）…Can I stay with you?

Shrek：Uh, what?

Donkey：Can I stay with you, please?

Shrek：Of course!

Donkey：Really?

Shrek：No.

Donkey：Please! I don't wanna go back there! You don't know what it's like to be considered a freak. Well, maybe you do. But that's why we gotta stick together. You gotta let me stay! Please! Please!

Shrek：Okay! Okay! But one night only.

Donkey：Ah! Thank you!

Step 2：教师让学生自由分组、分配角色,练习台词,学生分角色进行表演。

Step 3：学生互评,指出对方的优缺点。

Step 4：教师对学生的表现进行评价,对表现好的学生要表扬,对表现欠佳的学生也不能讽刺挖苦,要多鼓励,找出值得肯定的地方。

（二）使用情感性评价手段

传统的英语教学模式重结果、重成绩、重区别、重淘汰,评价结果常常会造成"天上"与"地下"的两种情况。

评价学生在学习过程中所表现出的兴趣、态度、参与活动的程度等,即采取形成性评价手段,教师能够通过真实的教学反馈信息深入了解学生的情况,既能够保护学生自尊心、自信心,又可以降低学生学习英语的恐惧心理,还可以使他们始终能体会到情感上的鼓励,形成学习上的良性循环。例如,学生回答问题后,如果回答错误,教师既不能全盘否定,更不能对学生进行讽刺挖苦,而应尽可能地挖掘他们的闪光点,如可以说"Your answer is not the right answer to this question, but it's also very important. Thanks"等；如果学生的回答不完全正确,教师应对其中的正确部分表示肯定和鼓励,如"That's almost correct. Better than last time"等,对其错误部分则应给出中肯的指导意见；如果学生的回答很准确,教师要立即给予积极、肯定的评价,如"Very good/Excellent, thank you"等。

第二节　基于跨文化理论的英语课外教学

一、课外教学综述

（一）课外教学的意义

英语课外教学是课堂教学的延伸与补充，是整个教学体系的重要组成部分。概括来说，英语课外教学的意义主要体现在以下几个方面。

1. 有利于提高学生交际能力

在我国的许多课程中，英语课程可以说是教学课时最多、时间跨度最大的课程之一。但是，课堂依然是学生接触英语的主要场所。目前英语教学模式单一，多采用"复习—预习—讲解—巩固—作业"的模式；教学方式主要还是"黑板＋书＋粉笔"，虽然也有些教师使用高科技，但是改变并不大；教学内容组织缺乏趣味性，这样的教学效果收效甚微，同时也不利于激发学生的学习兴趣。

在课堂之外，很多学生基本不接触英语，不能运用流畅的英语进行日常交际。从客观角度来讲，这一现状对我国外语教学的整体质量与效率的提高非常不利，导致我国的英语教学不能满足社会对英语人才的需求。很多学生的听力能力薄弱，这在很大程度上影响英语学习的效率。这就要求教师应该给学生扩大英语学习的范围，多给他们提供接触英语的机会。

英语教学模式改革的一个主要体现是"学生个性化学习方法的形式和学生自主学习能力的发展"。实际上，英语学习是在教师的指导下长期、连续的学习与练习的过程。教师应对课外教学给予充分的重视，多组织学生开展丰富多彩的课外活动，从而逐渐提高学生的交际能力。

2. 有利于提高学生的整体素质

学生在课堂学习到的知识往往十分有限，这不利于学生提高整体素质。而课外教学则可以弥补这一缺点。学生通过参加各种形式的课外活动，可以获取丰富的知识，学生在课堂上所学的知识得到了很好的巩固与拓展，同时通过语言的具体运用，可以使学生更好地理解知识、掌握相关的技能，为学生整体素质的提高做准备。

除此之外，有些课外活动有利于加强学科与学科之间的联系，有利于学生知识面的扩大。例如，学生通过独立参加课外主持活动，不仅有利于学生提高英语表达能力，锻炼心理素质，还有利于锻炼组织管理能力。由此可见，课外教学活动的开展有利于提升学生的整体素质。

3. 有利于培养学生的自主学习能力

与课堂教学相比，课外练习活动的内容与形式更加丰富多样，这不仅有利于使学生逐渐养成自主学习的习惯，同时也为学生的英语学习提供了一个良好环境。课堂教学一般都比较严肃、紧张，而在课外教学中，学生完全可以根据自己的意愿或爱好来选择想要参加的活动。在完成活动任务的过程中，学生学习的积极性与主动性都比较高，并且遇到问题或困难时可以主动思考、探索、分析、总结，对其独立解决问题能力的培养起着促进作用。由此不难看出，经常组织课外活动，对学生学习兴趣的激发、自主学习能力的培养都大有裨益。

（二）课外教学的原则

1. 针对性原则

在传统的英语课堂教学中，教学大纲、教学目标、教学计划、教材等均是为全体学生而设计的，学生所学的知识与技能基本相同，难以照顾到学生的智力、能力、性格等个体差异。而英语课外教学通常具有丰富的内容与多种多样的形式，可以弥补课堂教学的缺陷，可以因材施教。为将每个学生的潜能都发挥出来，应根据不同学生的特点来采用不同的活动形式。

2. 分别组织原则

课外教学还应遵循分别组织原则，根据具体情况分别组织不同的活动。

英语课外活动通常有大型集体活动、小组活动以及个人活动三种类型，其中的小组活动最为常见。教师应结合学生的英语水平、个人兴趣将其分为不同的小组，如表演小组、会话小组、戏剧小组等，以使学生的个人才华得以发挥。

个人、小组以及大型集体活动相互影响，相互作用。大型集体活动的效果取决于小组活动的质量，而小组活动的效果又取决于个人活动的质量。教师在组织英语课外活动时，应合理安排这三类活动形式，使三者相互配合，最终提高课外教学的效果。

3. 渐进性原则

英语学习并非一朝一夕就可以完成的，而是要经历一个漫长的过程。教师应意识到这一点，在组织课外教学活动时，应坚持循序渐进原则，即由易到难，先简后繁。

在刚开始组织课外活动时，教师应给学生设置较为简单的活动。随着活动的逐渐开展，可采用各种不同形式，并适当增加活动的难度。学生通过完成各种任务，进而增强自信，获得成就感。如果一开始课外活动的难度就比较大，学生容易产生自卑心理，这显然不利于学生的身心发展。

4. 趣味性原则

根据克拉申（Krashen）的"情感过滤说"，在传统的课堂上，由于教学形式、教材、课堂气氛等都存在一定的不足，学生的"情感过滤层"易于升高，容易产生紧张焦虑的情绪，这样他们接受可理解性语言输入时就没有足够多的空间。与之不同，在参加课外活动的过程中,学生的"情感过滤层"降低很多,便于对可理解性语言的吸收。可见,保持趣味性对学生的语言学习非常有利。

课外教学应确保活动具有趣味性,具体体现为活动内容丰富、形式多样,富有竞赛性、娱乐性、创造性。教师应努力为学生营造英语学习的氛围,使学生在耳濡目染中提高学习效果。

二、英语课外教学的方法

(一)英语学习成绩展览会

肯定成绩、鼓励先进、找出差距是英语学习成绩展览会的根本目的,因此采取这种方法既能对学生的学习起到很好的鼓励作用,又能够有效激发学生的自信心。

一般来说,展览物品主要包括以下几类。

(1)学生英语学习和中国传统文化传播的音像制品,包括视频、音频等作业。

(2)英语课本、教学用具、课外读物。

(3)英语课、课外活动、英语自习与辅导等的照片或记录。

(4)学生所写的有关英语学习的体会。

(5)学生学习成绩统计。

(二)英语角

英语角是我国学生非常熟悉的一种课外活动。学生经常参加英语角活动,对其听力训练有很大的帮助。英语角适合不同学习水平的学生参加。

英语角活动的时间可以每周一次,也可以每周两次,根据需要可以自由安排。在英语角活动中,谈论的话题多种多样,如刚学习的交际用语,观看一部电影之后的感想等都可以用来讨论。

教师应对学生的英语角活动进行不定时的"巡逻",这样一方面可以给学生提供适时的指导,另一方面还能监督学生是否真正用英语进行交流。

例如：

参加人员：全体活动小组成员

主要内容：了解感恩节

活动纪实：

（1）主持人介绍：

Thanksgiving Day in America is a time to offer thanks, of family gatherings and holiday meals. A time of turkeys, stuffing, and pumpkin pie. A time for Indian corn, holiday parades and giant balloons.

在美国,感恩节是一个感谢恩赐,家庭团聚,合家欢宴的日子；是一个家家餐桌上都有火鸡、填料、南瓜馅饼的日子；是一个充满了印第安玉米、假日游行和巨型气球的日子。

Thanksgiving is celebrated on the 4th Thursday of November, which this year (2008) is November 27th.

每年十一月的最后一个星期四是感恩节,在今年（2008 年）则是 11 月 27 日。下面让我们来看看感恩节的由来。

The Pilgrims in Mayflower set ground at Plymouth Rock on December 11, 1620. Their first winter was devastating. At the beginning of the following fall, they had lost 46 of the original 102 who sailed on the Mayflower. But the harvest of 1621 was a bountiful one. And the remaining colonists decided to celebrate with a feast—including 91 Indians who had helped the Pilgrims survive their first year. It is believed that the Pilgrims would not have made it through the year without the help of the natives. The feast was more of a traditional English harvest festival than a true "thanksgiving" observance. It lasted three days.

1620 年 12 月 11 日,旅行者们在"普利茅斯石"登陆。他们的第一个冬季是灾难性的,第二年秋天来临时,原来的 102 名乘客只剩下 56 人。但 1621 年他们获得了大丰收,这些幸存的殖民者们决定和帮助他们度过困难的 91 名印第安人一起飨宴庆祝。他们相信,若没有当地居民的帮助,他们是不可能度过这一年的。这次节日的盛宴不仅仅是一个"感恩"仪式,它更像英国传统的丰收庆典。庆典持续了三天。

Another modern staple at almost every Thanksgiving table is pumpkin pie. But it is unlikely that the first feast included that treat. The supply of flour had been long diminished, so there was no bread or pastries of any kind. However, they did eat boiled pumpkin, and they produced a type of fried bread from their corn crop. There was also no milk, cider, potatoes, or butter. There were no domestic cattle for dairy products, and the newly-discovered potato was still considered by many Europeans to be poisonous. But the feast did include fish, berries, watercress, lobster, dried fruit, clams, venison, and plums.

现在,几乎每家感恩节餐桌上都有南瓜馅饼——感恩节的另一种主食。但在当年的第一次庆典上却不可能有这种食品。因为面粉奇缺,所以面包、馅饼、糕点等食物都没有。但他们却吃了煮南瓜,并用收获的玉米制成了一种油炸面包。也没有牛奶、苹果酒、土豆和黄油。第一次庆典上有鱼、草莓、豆瓣菜、龙虾、干果、蛤、鹿肉、李子等。

Americans still get together on this day to remember the reasons to be thankful.

如今,美国人在这一天欢聚并列举值得感恩的理由。这是感恩节最值得庆祝的理由之一。

(2)表演呈现:配合主持人介绍,小组其他成员表演新移民获得丰收,与印第安人共度节日的场面。

(3)组员互动:主持人邀请组员说出各自值得感恩的理由。

通过该活动,学生形象地了解了美国节日的文化内容,学会感恩,情感上得到了一次陶冶。不少学生提到了感激父母,感激朋友,感激挫折等有价值的感想。

（三）英语模拟课堂

英语听力课外练习还可以采取英语模拟课堂活动的形式。模拟课堂活动是给学生提供一个开放的话题，要求学生在课外以小组为单位搜集与特定主题有关的资料，这些资料应包含文字、图片、音频、视频，并将收集好的资料进行整合，制作成 PPT，然后每个小组选取一名组员用英语汇报结果，时间为 15 分钟。这一活动的好处主要体现在以下三个方面。

（1）有利于训练学生的表达能力与公众演讲能力。

（2）有利于训练学生搜索、筛选、整合资料的能力。

（3）有利于训练学生的听力能力。

下面通过一个具体例子来详细说明。

活动目标：

（1）学生通过阅读材料（教师提供的小资料或是教材课文 JEFC Book Ⅲ Unit 3 *Make the World More Beautiful*; Unit 11.*Planting Trees* ），在实践中激发学习英语的兴趣，增强学生探究环境污染和环境保护的主动性。

（2）启发学生积极思考解决有关问题的办法，并且用英语通过不同方式表达出来。

（3）营造合作交流的氛围，列举周围环境问题，培养学生的环保意识。

活动形式：小组活动与个人调查

活动过程：

（1）组织学生调查周围环境情况。可根据学生所在社区、兴趣小组或是个人意愿，将活动成员分为 4 ～ 5 组，对我们周围的环境情况进行调查，并做好记录，每小组选派 1 ～ 2 名代表向大家介绍各小组调查情况。

（2）了解调查对象对环境、人、动物和植物的危害。由于每组调查对象的不同，决定了调查报告形式的多样性。该环节学生的自主性特别强，也乐于被他们所接受，所以对教师的指导提出了更高的要求。

（3）汇总各小组调查成果，开展各种形式的交流讨论。该环节重点突出了"做中学"、用英语做事情。各小组成员首先逐次口头汇报调查报告，组内进行初步的交流。在每小组厘清思路后，写出小组报告，并推选一名报告人与其他各组代表进行陈述和交流讨论。例如，一些学生通过调查活动，还做了一些任务延伸。有人写了故事形式的说理小短文，有人把它们办了黑板报，还有一些人建议把"保护环境"问题和团队活动结合起来。校园的英语角经常可以听到他们热烈地讨论。笔者明显感觉到了他们的环境保护意识不断地增强，原先觉着难学、枯燥的课文，也成为他们学习的需要。

活动小结：

通过学生交上来的调查报告，笔者感到欣慰。在他们的活动体会中，见到了许多这样的句子。

Extra-curricular activities in English will be of great help to our English study.

All these activities will make our oral English more fluent.

I was very much impressed by it.

（1）通过本次活动，学生更加关注我们的生存环境，每一个人的"环保意识"得到增强。情感态度的发展目标较好地渗透到英语教学之中。

（2）以学生为主体，以活动为主线。学生在对主题任务理解与活动内容构思的同时，主动活用过去所学，加深了对教材内容的理解和记忆。

（3）培养了学生的创新精神、竞争意识与合作意识。

（4）加宽了信息渠道，增加了语言实践，切实提高学生综合运用英语的能力。

（5）学生各自体验到了属于自己的那一份快乐——成功感。

（四）英语广播电台

电台是课堂的一种延伸。英语电台在内容上不受限制，在时间上较为便利，通过每天在固定时间播放英语节目，可以增加学生的听力时间，弥补学生课堂听力时间的不足。因此，在课外，教师可组织开展英语广播电台活动，具体应注意以下几个方面。

1. 合理安排播音时段与内容

由于学生的时间有限，因此教师应认真考虑、选择播放时段与内容。具体而言，教师应注意安排好外语电台的节目、自己开办的栏目以及课外听力材料与考试辅导类节目。

以广西右江民族师专英语电台为例，每天清晨从六点开播到深夜十一点半结束，全天播音约 8 小时（中间有停播间隔），每天分段播放不同的节目内容，其中包括与课文同步的听力材料以及精读教材的范读录音材料，还有目前国内外推广的流行优秀教材及口语故事、演讲、英语歌曲等十几种有声资料。学生人手 1 台调频接收机，不管在宿舍、教室、食堂，还是在校园 3 公里范围内的周围区域，只要打开收音机就可以收听学校播放的节目。由于其节目内容的多样性与收听方式的灵活性，为学生提供了大量的泛听机会，也为搞好大学英语听力教学中的泛听教学创造了有利条件。

2. 合理安排节目播放模式

在制作听力节目时，教师应注意把握听力材料的速度，依据不同年级、不同层次的学生设计不同的听力节目，同时在节目单上注明，提高针对性。同时，教师还要在节目单上注明所需要的教材，这样学生可以提前做好预习，从而提高听力效果。

就广西右江民族师专而言，在搞好英语电台每天的固定播音的同时，还开办了 The Voice Of the English Lovers（英语爱好者之声）综合英语直播节目。聘请在校的两位外籍教师担任节目的编导，英语学习爱好者可以主动报名参加节目的演播。节目的主要栏目有学生采写的 Campus News（校园新闻）,Short Stories（短篇故事选播）,Questions and Answers On College English Study（大学英语学习问题）等。节目固定在星期四 21∶30 至 22∶30 之间进行。节目栏目虽然短小,但内容丰富,趣味性强,不少学生都可以直接参与英语节目的编播。绝大多数的学生在每周节目播放期间都能自觉收听由自己同学和外教一起组织的节目。外教英语读音的纯正流畅、自己同学读音的亲切感人都给大家留下极深的印象。

（五）英语会话

听力练习活动还可以通过组织英语会话的形式来进行。英语会话活动可以每一周或两周开展一次,也可根据实际情况自由安排。需要注意的是,会话情景与场合设计应灵活多样,会话题材应与学生学习和生活密切相关。

英语会话通过游戏的形式来进行。由于游戏往往具有比赛性质,因此有利于激发学生的兴趣与竞争意识,促进学生进行积极思考,提高学生自信。

下面介绍几种常用的英语游戏。

1. 拼词

教师预先选好一些单词,并把学生分成两组。由各组学生依次轮流向对方发问,要求被问者迅速、准确地口头拼出单词,如people/p-e-o-p-1-e。拼对一次得一分,拼错一次扣一分。拼完一定数量的词后,计算每组的积分,确定胜败。教师可以事先制定出奖惩制度,对胜利的小组进行表扬奖励,或对失败的那一组进行惩罚,例如为胜利的小组唱一首歌。

2. 重新组词

重新组词就是将单词中的字母顺序打乱,构成新单词,但是字母数与原单词的要一致。例如:

tea-ate-eat

now-own-won

rat-tar-art

are-ear-era

stop-post-tops

meat-mate-team

3. 记忆游戏

教师先在讲桌上摆着许多东西,这些东西的英语名称都是学生知道的。教师叫一个学生到讲桌前仔细观看,并尽量记住讲桌上所有的东西,然后让学生转过身,回答教师的问题:"What's there on the table?"学生回答:"There's a book on the table. There's a pencil on the table..."

这项游戏可以逐步加深。比如,教师问:"What do you see on the table?"学生说出他所见到的东西,然后教师再提问:"What did you see on the table?"学生先要说都看到了什么东西,然后再接着说出这些东西的位置。例如,"The pen is under the book. The book is between the pen and the ball..."教师改变东西的位置,学生再说:"The pen was under the book and now the pen is on the book..."

4. 寻物

开展寻物游戏时,教师先把参加游戏的人分成两组。同时,把几件东西放到平时不常放的地方,但是,这些东西学生都能看得见。让学生考虑几分钟,然后每组学生轮流说出他(她)看见了什么东西、这个东西放在什么地方。例如:

There is a pen on the chair.

There is a hairbrush on the floor.

There is a book on the top of the door.

There is a bag in the waste-paper basket.

There is a piece of paper on the recorder.

每说对一个句子,小组得一分。

5.二十个问题

这一游戏适合全组人都参与进来。该游戏的具体做法是：一名学生想出一件物品，然后告诉大家它属于哪一方面。然后，其他同学依次向这名同学发问，发问需使用一般疑问句，并且所提问的问题总数应确保不超过二十个。被提问的那名同学需用 yes 或 no 来回答。每次提问都是为了使所猜的物品范围缩小，最终确定是什么物品。例如：

A：I'm thinking of an animal.

B：Does it live in the forest?

A：No.

C：Can it work for people?

A：Yes.

D：Can it help plough the land?

A：No.

E：Is it very big?

A：No.

F：Does it have two legs?

A：No.

G：Is it in your house?

A：Yes.

H：Doesn't it like to eat fish?

A：Yes.

I：It's a cat.

A：Yes.

这里介绍一个会话活动的实际案例，以供师生参考。

课文标题：Can you play the guitar?

活动内容：根据课文标题内容做话题为 Joining a club 的对话练习。

（1）谈论自己在某一方面的能力、爱好。

（2）谈论自己所喜爱的明星。

（3）通过对话，教授有关乐器、体育项目的词汇。

（4）谈论想参加什么内容的俱乐部。

教学目标：

（1）To learn verbs of activity such as dance, sing, swim 等；names of musical instruments such as guitar, piano, drum, violin, trumpet 等。

（2）To learn sentences:

Can you …

Yes, I can./No, I can't.

What club do you want to join?

I want to join the dance club.

What can you do? I can play the violin.

Can he/she …Yes, he/she can./No, he/she can't.

（3）听力能力：能够识别不同单词和不同句式的语调，并能根据语调的变化判断句子意义的变化，能听懂问题并做出得体的回答。

（4）口语能力：能在所设计的课外活动中与他人交流，如询问会不会做某事，能做什么，不能做什么，想参加什么样的俱乐部等。

（5）通过谈论能力、爱好以及参加俱乐部的话题，培养学生兴趣多样、爱好广泛的学习方式。通过小组活动，培养学生的团队合作精神。通过谈论"能做什么"，增强学生的自信心。

Topic：Joining a club

教师可以引导学生将日常生活中比较熟悉的乐器等做成图片，以便锻炼学生的动手能力。此外，让学生准备自己所喜爱的明星的照片。然后创设贴近学生日常生活的话题 Joining a club，让学生自己自由安排小组，进行对话练习。

在设计对话时，教师可以采用以下设计方式：

A：拿出一张自己喜爱的明星的照片，说明此明星能做什么，拿出之前准备好的图片，如钢琴的图片，然后说："He can play piano" "Can you play piano?"

B：用 "Yes，I can"，或者 "No，I can not" 来回答。问 A：
"What can you do?"

A："I can..." 然后拿出另一张明星的图片，说："He can ..." "Can you play piano?"

B：用 "Yes，I can"，或者 "No，I can not" 来回答。然后引出学校里的俱乐部都有哪些，在这些俱乐部里面分别能做什么事情。问："What club do you want to join?"

A：I want to join the dance club.

此外，教师也可以拿着图片向小组中的每个学生进行提问，这样可以强化师生之间的互动，增加师生之间的交流，增进师生之间的感情。

当学生形成用英语对话的习惯后，教师还可以组织学生根据给定的题目或者小故事进行即兴发言。

（六）英语竞赛

在具体的教学实践中，英语竞赛是开展得最为广泛的英语课外活动形式之一。从形式上看，英语竞赛可分为以下两个类别。

（1）综合性比赛。例如，辩论会、板报比赛、听说读写综合竞赛等。

（2）单项比赛。例如，书法比赛、看图说话比赛、查词典比赛、翻译比赛、英语朗读比赛、短文写作比赛、讲故事比赛、打字比赛等。

下面以打字比赛为例。

参加人员：全体活动小组成员

主要内容：英文打字比赛

活动纪实：

（1）教师选择一段与教材相关的课外精美段落作为比赛内容。

One day the wind said to the sun, "Look at that man walking along the road. I can get his cloak off more quickly than you can."

"We will see about that," said the sun. "I will let you try first."

So the wind tried to make the man take off his cloak. He blew and blew, but the man only pulled his cloak more closely around himself.

"I give up", said the wind at last. "I cannot get his cloak off." Then the sun tried. He shone as hard as he could. The man soon became hot and took off his cloak.

（2）在规定的时间内学生进行打字比赛。

（3）评选在规定时间内打字最准确、最快的同学为优胜者。

计算机应用已经深入我们的学习、生活和工作中，几乎每个学生都懂得打字。但对于打英文，尤其是快速地打，就必须对所要输入的语段内容、词汇熟悉。

（七）英语戏剧表演

英语戏剧表演也是一种常见的课外听力练习活动。每个人都有表演的欲望，戏剧表演恰好可以给学生提供一个展示自我的机会。

与电影配音活动不同，戏剧表演除了对说有要求，还对表演有一定的要求，即学生的表情、动作等都要模仿得很像。因此，在戏剧表演过程中，教师应适当地对学生的台词、表情、动作、手势等给予指导，同时也应鼓励学生自由发挥，勇于创新，从而使学生提高学习语言的效率，提高运用语言的能力，同时接受一定的美育与思想教育。

下面通过一个实例来进一步了解戏剧小组活动。

Step 1：教师先利用多媒体播放一段英语电影《狮子王》中的片段：

Endless African plain. The sun is bright, the trees are green and the animals live happily.

Mufasa: Look! Simba, everything the light touches is our

kingdom.

Simba：Wow!

Mufasa：A king's time as ruler rises and falls like the sun. One day, Simba, the sun will set on my time here and rise with you as the new king.

Simba：And this all be mine?

Mufasa：Everything!

Simba：Everything the light touches! What about that shadowy place?

Mufase：That's beyond our borders, you must never go there, Simba.

Simba：But I thought a king can do whatever he wants.

Mufasa：Oh, there's more to being a king than getting your way all the time.

Simba：There's more?

Mufasa：Simba, everything you see exists together in a delicate balance. As king, you need to understand that balance and respect all the creatures from the crawling ant to the leaping antelope.

Simba：But dad, don't we eat the antelope?

Mufase：Yes, Simba. But let me explain. When we die, our bodies become the grass and the antelope eat the grass, and so we are all connected in the great circle of life.

Mufasa：Simba, let me tell you something that my father told me. Look at the stars. The great kings of the past look down on us from those stars.

Simba：Really?

Mufasa：Yes, so whenever you feel alone, just remember that those kings will always be there to guide you, and so am I.

Step 2：欣赏完这段对白，教师可以设计这样的活动：学生自由分组进行角色扮演，演出一部新的 *The Lion King*。

（八）英语专题性活动

开展专题性英语实践活动，不仅有利于学生协调发展阅读、写作和口语交际能力，还有利于提高学生在实践中综合运用语言文字的能力，因而也是英语课外教学活动的一种有效方式。

英语教师组织专题性活动时，应从以下三个方面进行综合考虑。

（1）学生的英语水平和生活经验。

（2）学校和学生的实际情况。

（3）依据活动主题的不同特点，灵活选择完成方式，如独自完成或小组合作完成。

例如，某一单元是关于庆祝节日，各种各样的中外节日的汇萃，尤其介绍了西方国家每年 11 月的 Halloween（万圣节）。通过这个单元我们了解了这个节日也知道万圣节是儿童们纵情玩乐的好时候。它在孩子们眼中，是一个充满神秘色彩的节日。夜幕降临，孩子们便迫不及待地穿上五颜六色的化装服，戴上千奇百怪的面具，提上一盏南瓜灯跑出去玩。他们玩一个有趣的游戏叫 Trick or treat，总是挨家讨糖吃。见面时打扮成鬼精灵模样的孩子们千篇一律地发出"不请吃就捣乱"的威胁，主人自然不敢急慢，连声说"请吃，请吃"！把糖果放进孩子们随身携带的大口袋里。 如果你不款待，孩子们就捉弄你。他们有时把人家的门把手涂上肥皂，有时把别人的猫涂上颜色。这些小恶作剧常令大人啼笑皆非。

这是一个很有意思的题材，学过基本知识之后，就着手准备分角色表演，演成年人的分成款待和不款待的，而孩子们的恶作剧也开始上演，非常有意思，大家在欢快的笑声中练习了英语，掌握了课文的语言点、句型，也加强了协作，创造了良好的语言学习氛围。

（九）英文歌曲演唱

在课外活动中,英文歌曲演唱也是比较常见的一种活动。教师应鼓励学生参加英文歌唱小组,通过学唱英文歌,既能使学生的心理需求得到满足,也有利于促进学生听力水平的提高。同时,教师可将英文歌唱小组与英文歌唱比赛两种活动结合起来,并计算出成绩,依次排序,使学生获得成就感,同时提升学生的集体荣誉感,培养学生的团队合作精神。

教师应认真选择英文歌曲,具体需注意以下几个方面。

1. 内容的趣味性

为了激发学生的兴趣,使学生主动参与活动,教师应尽可能选择内容有趣的英文歌曲,让学生感受到听歌与学歌的乐趣。

2. 语言的真实性与可操作性

教师既要确保所提供的英文歌曲语言的真实性,使学生在真实的语境中学习纯正的英语,又要确保歌曲语言具有可操作性,不用或少用含有方言或俚语等特殊语言现象的歌曲。

3. 难度的层次性

不同学生,其语言水平与听力水平也不同,教师可以据此分配小组成员,并为不同的小组选择不同难度的英文歌曲。

下面列举一个具体的案例。

参加人员:全体活动小组成员。

主要内容:学唱英文歌曲 *Yesterday Once More*。

活动纪实:

（1）播放英文歌曲 *Yesterday Once More*。

When I was young

当我年轻时

I'd listen to the radio.

我喜欢听收音机

Waiting' for my favorite songs

等待我最喜爱的歌

When they played I'd sing along

当他们演奏时我会跟着唱

It made me smile.

笑容满面

Those were such happy times

那段多么快乐的时光

And not so long ago

并不遥远

How I wondered where they gone

我是多么想知道他们去了哪儿

But they're back again

但是它们又回来了

Just like a long lost friend

像一位久未谋面的旧日朋友

All the songs I loved so well.

那些歌我依旧喜欢

Every Sha-la-la-la

每一声 Sha-la-la-la

Every Wo-o-wo-o

每一声 Wo-o-wo-o

Still shines

仍然闪亮

Every shing-a-ling-a-ling

每一声 shing-a-ling-a-ling

That they're starting' to sing

当他们开始唱时

So fine

如此欢畅

When they get to the part

当他们唱到

Where he's breaking her heart

他让她伤心的那一段时

It can really make me cry

我真的哭了

Just like before

一如往昔

It's yesterday once more

这是昨日的重现

（Shoobie do lang lang）

无比惆怅

（Shoobie do lang lang）

无比惆怅

Looking back on how it was in years gone by

回首过去的那些时光

And the good times that I had

我曾有过的欢乐

Makes today seem rather sad

今天似乎更加悲伤

So much has changed.

一切都变了

It was songs of love that I would sing to then

这就是那些跟着唱过的旧情歌

And I memorize each word

我会记住每个字眼

Those old melodies

那些古老旋律

Still sound so good to me

对我仍然那么动听

As they melt the years away

可以把岁月融化

Every Sha-la-la-la

每一声 Sha-la-la-la

Every Wo-o-wo-o

每一声 Wo-o-wo-o

Still shines

依然闪亮

Every shing-a-ling-a-ling

每一个 shing-a-ling-a-ling

That they're starting to sing's

当他们开始唱时

So fine

如此欢畅

All my best memories

我所有的美好回忆

Come back clearly to me

清晰地浮现在眼前

Some can even make me cry

有些甚至让我泪流满面

Just like before

一如往昔

It's yesterday once more

这是昨日的重现

（2）学生学唱 *Yesterday Once More*。

（3）分小组齐唱 *Yesterday Once More*。

（4）各小组间互评。

（5）评选优秀小组。

第八章 基于跨文化理论的英语
教学测试与评价

英语教学测试与评价能够为教学质量的检验提供重要参考，是英语教学中不可或缺的重要组成部分。文化既然是跨文化外语教学的主要教学目标和内容之一，那么它就应该体现在课程开发、教学设计和测试评估中。然而，目前中国外语教学界的多数测试和评估都忽略了学习者的文化能力。在美国和欧洲等文化教学历史较长的国家和地区，文化测试和评价也是一大难题。正因为如此，研究者才一直保持着对文化测试与评价的兴趣。值得特别说明的是，在当今国际交流日益深入的时代背景下，将文化因素与英语教学测试进行有机结合，对于全面提升学生的跨文化意识与跨文化交际能力大有裨益。为此，本章就对基于跨文化理论的英语教学测试与评价展开论述。

第一节 教学评价综述

一、教学评价的分类

（一）诊断性评价

教学评价中的诊断性评价是为了满足学生的需要，教师在课程开始之前对学生展开的情感、认知、技能层面的评价。①

　　诊断性评价的目的是在对学生的基础知识、基本能力有所了解的基础上，为教学提供必备资料，从而对学生的真实情况和问题进行诊断，以便为解决问题做好准备。

　　诊断性评价是在教学开展之前进行的，这主要是为了测试学生的基本语言能力，并通过测试的结果，对学生分门别类地进行安置。有时候，诊断性评价也可以在教学中进行，目的是检测学生的学习问题和程度，确定阻碍学生某方面提升的因素。诊断性评价具有以下几方面的作用。

　　（1）对学生进行安置。

　　（2）对学生的学习准备程度进行监测。

　　（3）对学生产生学习困难的原因有所了解和辨别。

（二）形成性评价

　　1967年，斯克里文（G. F. Scriven）第一次提出"形成性评价"这个术语，后来很多学者进行了扩展和补充。形成性评价又称为"过程性评价"，指的是在教学过程中，对教师的教和学生的学进行的评价，从而了解教师的教学过程与学生的学习过程中存在的问题，评价教师的教学行为与学生的学习能力。

　　形成性评价的目的是对学生的学习情况进行改进，而不是对学生的成绩进行评定。对于教学过程而言，形成性评价非常重要，是一个持续性的评价。其涉及的内容也非常广泛，如评价学习行为、评价情感态度、评价学习心理、评价参与情况等。形成性评价能够对教学效果与学习情况有及时的了解，便于对教与学进行反馈。形成性评价的作用如下所示。

　　（1）强化学生的学习。

　　（2）对学生的学习起点进行确定，尤其是确定学生对内容的掌握情况，从而为下一阶段学习做铺垫。

---

① 林新事.英语课程与教学研究［M］.杭州：浙江大学出版社，2008：219.

（3）为教师提供反馈信息，通过评价，教师可以获得教学反馈，从而更好地指导教学实践。

（4）对学生的学习进行改进，因为行成性评价反映出学生在学习中的问题和缺陷，因此教师可以根据这一情况对学生进行指导和纠正，从而改进学生的学习。

（三）总结性评价

总结性评价又称为"终结性评价""结果性评价"，是在某一阶段或者某一学期结束之后进行的评价。总结性评价的作用可概括为以下几个方面。

（1）对学生的成绩进行评定。

（2）证明学生某一阶段或某一时期的语言水平。

（3）为学生提供下一阶段学习的反馈。

（4）预测学生以后成功的可能性。

总结性评价具有以下几个方面的特点。

（1）就目标而言，总结性评价主要评价的是某一时期或某一阶段的教学情况，往往需要通过成绩来展现，从而为学生的下一步学习做铺垫。

（2）就评价内容而言，总结性评价具有较高的概括性，内容往往是知识、技能等的结合。

（3）就内容分量而言，总结性评价主要评价的是学生在某一时期或某一阶段对课堂内容的掌握情况，因此比较全面，分量较大。

在总结性评价中，测试是最常见的手段。下面重点对测试进行分析和探讨。

根据不同的标准，英语测试的形式也有所不同，具体而言可以划分为如下几种。

（1）按照评分的方式划分。按照评分方式的不同，测试可以划分为如下两种。

第一,主观性测试。主观性测试的题型有很多,如翻译题、简述题、口试等,且设计也非常容易,学生可以自由陈述自己的观点与想法,这是对学生语言运用能力的考查。

第二,客观性测试。客观性语言测试的题型较为单一、固定,主要有判断正误、选择、完形填空、阅读理解等。学生只需要在相应位置做出答案即可,存在猜测的成分,因此很难测量出真正的语言能力。

(2)按照测试的用途划分。根据测试的用途,可以将测试划分为如下几种。

第一,成绩测试。成绩测试主要是对学生所学知识的考查,通常包含上面所说的随堂测试、期中测试与期末测试。这都是从教学大纲出发来设定的。一般来说,大学英语四、六级考试也属于成绩测试,因为这也是从教学大纲出发设定的。但是,大学四、六级考试也属于后面所说的水平测试。[①]

第二,潜能测试。潜能测试主要用于评价学生的潜能或者语言学习天赋。潜能测试不是根据教学大纲来设定的,对学生掌握知识的多少也不在意,而是测试学生的发现与鉴别能力,可能是学生从未接触的东西。功能语言学在研究过程中主张使用预测法来了解语言运用情况。潜能测试是为了更好地发现学生的学习潜能,因此可以在应用语言学研究方法的基础上提升潜能测试的科学性。

第三,水平测试。水平测试主要是对学生语言能力的测试,即主要测试学生是否获得了语言能力,达到语言教学的水平,决定学生是否可以胜任某项任务。水平测试与过去的教学内容与学习方式并没有直接的关联性。

第四,诊断测试。诊断测试主要是对学生语言能力与教学目标差距之间的确定,从而便于从学生的需求出发来设计题型。诊断测试主要是课程开展一段时间后对学生进行的一定范围的测

---

① 刘润清,韩宝成.语言测试和它的方法(第2版)[M].北京:外语教学与研究出版社,1991:11.

定。① 通过评价学生这段时间的表现,确定是否学到了应有的知识,进而发现教学中的问题,改进教学,力图做到因材施教。功能语言学带有综合性,这种综合性和诊断测试有一定的联系。诊断测试通过对学生的学习情况进行分析,可以综合了解到学生的语言学习情况和使用情况,便于日后教学的改进。

(3)按照学习阶段划分。按照不同的学习阶段,学习测试可以划分为如下几种。

第一,编班测试。编班测试主要是为分班做准备的,是从学生入学考量的。通过进行编班测试,教师可以对学生的语言掌握情况加以了解,从而有助于教材的选择与安排。编班测试还会从学生的水平出发,将程度相似的学生编制在一起,进行统一化的指导,从而实现真正的因材施教。由于编班测试对于学生的差异性要求明显,因此在题型设计时应保证连贯与全面。② 在编班测试过程中可以采用应用语言学中的调查法和比较法,从而提高编班的科学度。

第二,随堂测试。随堂测试是指学生经过一段时间的学习后,对学生进行的小测试。这一测试一般时间短、分量少,形式多样。一般情况下,随堂测试的形式很多,如听写、翻译、拼写等。在设计题目时,应该保证适宜的难度。通过随堂测试,教师可以了解学生每节课的学习程度和语言使用情况,为日后教学改进打下良好的基础。

第三,期中测试。期中测试除了可以将教学大纲的要求体现出来,还会基于随堂测试,形成一定的系统。在进行期中考试时,教师往往会组织学生复习或者让学生自己复习,之后让学生参加统一考试。期中考试不仅让学生产生紧张感与阶段感,还能激发他们的独立思考,对知识形成一定的系统。

第四,期末测试。与以上三种相比,期末测试具有广泛的应用价值,也具有较长的时间跨度。一般来说,期末测试的目的如

---

① 武尊民.英语测试的理论与实践[M].北京:外语教学与研究出版社,2002:31.
② 崔刚,孔宪遂.英语教学十六讲[M].北京:清华大学出版社,2009:309.

下：对学生某一时期的学习效果进行评价；促进学生系统地巩固知识；为下一学期的安排做准备。期末测试的题型应该从教学大纲出发，将本学期学生的学习内容反映出来，但是也不能完全照搬教科书，应该具有灵活性，从而更深刻地检测学生的学习情况。

例如，淄博师范高等专科学校的英语口语教学利用线上线下混合式教学模式，教学平台式观看 MOOC 视频、论坛讨论、作业评价；主导本班讨论，做出课堂评价；老师负责平台上在线答疑，与学生互动交流，统计学生在线学习效果。

改革后的考核方式将信息技术引入评估体系，把学生的在线学习、课堂讨论发言、上网时间、学习进度、单元测试成绩等网络学习纳入考核范畴，并加大比重占总成绩的 30%；学生的课堂表现如课堂活跃度等占 30%，期末考核占 40%。将过程性评价和终结性评价相结合，实现考核评价的全方位、多样化，解决了只关注结果而忽略过程的传统、落后的评价方式所带来的一系列问题。

二、教学评价的内容

教学评价的内容主要有五种：对教师的评价、对学生的评价、对课程的评价、对教学过程的评价以及对教学管理的评价。下面就来具体分析这几种评价。

（一）评价教师

在教学过程中，教师处于主导地位，教师素质的高低对于教学效果、学生成长意义巨大。因此，评价教师素质与能力显得尤为重要。具体来说，对教师的评价主要包含如下几点。

（1）对教师工作素质的评价，包含教学质量、教学成果、教学研究、教学经验等。

（2）对教师能力素质的评价，包括独立进行教学活动的能力、独立完成教学工作量的能力等。

（3）对教师政治素质的评价，包含工作态度、遵纪守法、为人师表、教书育人、政治理论水平、参与民主管理、良好的文明行为、坚持四项基本原则等。

（4）对教师可持续发展素质的评价，包含教师发展的潜能、自觉求发展的能力、接受新方法与新理论的能力、本身的自学能力等。

（二）评价学生

学生是英语教学的中心，同时也是教学的主体。对学生进行评价是英语评价的主要内容。具体而言，学生评价涉及如下三种。

（1）学业评价。学业评价是从学科课程的目标与内容出发，对学生个体、群体展开的成果式评价。学业评价具有促进性、补救性与协调性。其一般以测量作为基础，对学生个体的学习进展情况加以反映，最后做出推断。

（2）学力评价。学力与发展观、人类观、学校观等有着密不可分的关系，受时代的影响，教育与学校的要求越来越高，这就导致学力也在发生改变，产生不同的学力观。就整体而言，人们对学力的认知有两大方向：一是强调学力是对技能与知识的掌握而形成的能力，二是强调学力是教学的结果，是后天形成的。因此，可以将学力定义为：学生在学业上所获取的结果。而学力评价可以对学生的学习能力、个体差异进行甄别，从而使不同层次的学生完成自己的学习目标。

（3）学生的品德与人格评价。这也是非常重要的，在英语教学中，对学生品德与人格的评价侧重于教学内容的思想性与科学性。在英语教学中，除了帮助学生了解西方文化，更要引导学生推崇并践行传统文化。例如，在教授"姓名"主题内容时，可以引导学生探索汉字的意义与内涵。通过对比中西方姓名文化的异同，让学生真正了解自己名字的意义与家庭文化背景。在介绍"家乡"环节时，引导学生通过比较中西方建筑风格、城镇布局、风土人情、传统文化等内容,使学生热爱自己的家乡和家乡文化,践行"不忘初心、砥砺前行"的民族口号。又如,在教授自然、环境与社会相关话题时,可以导入"静以修身、俭以养德"的优秀品质,鼓励学生弘扬传统文化,修炼多读书、读好书,勤俭节约,爱惜公共资源等美德。再如,在讲授学业与职业环节,可适时导入爱岗敬业、诚信友善等社会主义核心价值观,引导学生科学对待工匠精神与职业生涯等问题。还有,在教授饮食、节假日、旅游等内容时,可补充"静而无失、恭而有礼"等文明礼仪教学。

（三）评价课程

合理、科学的课程设置对于提升教与学的质量非常有帮助,因此教学评价也需要对课程进行评价。课程评价主要是对课程价值、课程功能的评价,但是为了更好地开展课程评价,需要考虑和了解如下三种模式。

（1）行为目标评价模式,是由学者泰勒提出的。这一模式的中心在于确定目标,从而在此基础上组织教学评价。泰勒认为,既定目标决定着教学活动的开展,而教学评价也是判定的实际的教学活动,从而根据反馈对教学进行改进,使教学效果与既定目标相接近。

（2）决策导向评价模式,又可以称为"CIPP模式",是由著名学者斯塔弗尔比姆（Stufflebeam）提出的。这一模式的中心在于决策,是将背景知识、输入、过程、结果结合起来的一种评价模式。

（3）目标游离评价模式,又可以称为"无目标模式",是由学者斯克里文（Scriven）提出的。斯克里文批判了泰勒的评价模式,并指出为了将评价中的主观因素降低,因此不能在设计方案时将活动目的告诉评价者,这样评价的结果就不会受到预定目标的制约。

（四）评价教学过程

在英语教学中,大多数评价对于教学效果都非常侧重,即学生的实际成绩。但是,大多数评价都忽视了教学的过程。因此,一些学者开始对形成性评价进行研究,并从中衍生出了对教学过程的评价这一新的评价。一般情况下,对教学过程的评价可从两个角度分析:一是对教学过程进行系统性的评价;二是对教学过程中各个环节进行评价。

(1)对教学过程进行系统性评价。对教学过程进行系统性评价是指以某一节课作为教学内容或目标,对课堂开始之前、课堂开始之中、课堂之后练习进行系统和整体的评价。

(2)对教学过程中各个环节进行评价。对教学过程中各个环节进行评价主要是对课堂之前的学习、课堂教学、课后的练习进行观测与评价。这样做的目的是为了引导教师关注和把握教学的各个环节,将各个环节视作重点。

(五)评价教学管理

除了对教师、学生、课程设置、教学过程进行评价之外,对教学管理进行评价也是教学评价的一项重要内容,很多教学评价都忽视了这一点。所谓教学管理,是指将教学规律、教学特点作为依据,对教学工作进行组织和安排。

对教学管理进行评价是对教学过程与结果的评价。通过这一评价方式,评价者可以挖掘出教学管理中的问题,并对其进行改进。在进行教学管理评价时,以下两个层面的问题需要注意。

第一,对教学管理进行评价时,需要注意评价的内容不仅包含对课堂的管理,还包含对学校的管理等。

第二,对教学管理进行评价时,需要注意评价指标的合理性与科学性,即需要将教学规章、教学计划、教学步骤、教学检查等囊括进去。

三、教学评价的原则

（一）主观方面的原则

1.教师和学生的双主体

英语有效教学评价首先要遵循主体性原则。

学生是教学过程中的主体,英语教学评价最终是以促进学生的发展为目标的。因此,教学评价始终应该强调学生的自我反思以及对学习过程的调控,这样有利于其综合语言运用能力的发展。例如,学生可以利用自评表对自己的学习进程进行掌控与把握。运用自评表对提高教学评价的效率起着促进性的作用,而且其操作起来也比较方便、省时。表8-1就是在课堂教学活动结束时对阅读方法使用情况的一个自我评价表。

表8-1　自评表

Self-evaluation Sheet
Date:＿＿＿＿＿＿　　　　Name:＿＿＿＿＿＿
True ／ Partly true ／ No
1.I skimmed the story to first find what it is mainly about. □□□
2.I then read the story carefully, interested in some of the details. □□□
3.I was able to select a story I am interested in. □□□
4.I tried to, guess from the context when I met new words in the story. □□□
5.When I failed to guess out the words, I referred to the Chinese version for reference. □□□
6.In the discussion with others I found that I was able to get the right information very quickly as I read in the way I had. □□□
7.When I was required to retell a character I like best or a happening which attracted my attention, I scanned the story again for some details. □□□
8.I am satisfied with my reading this time. □□□

教师必须充分发挥主体作用,掌握课堂评价的各种技巧,把课堂评价纳入正常的课堂教学之中,增强反思性教学研究。此外,教师必须清楚评价的目标要求,掌握评价的基本操作技能,同时

还应该积极参与课堂评价指标体系的制定。例如,教师可以通过教学报告的形式来发挥自身的主体作用。教学报告的主要内容是教师对自己课堂教学中的主要特点进行的描述,从而监控自己的课程教学实施过程、教学时间分配以及教学效果。教师可以提前对报告的格式、内容进行设计,在课堂教学结束之后,可以直接填写表格。表 8-2 是一个教学报告示例。

表 8-2　教学报告示例

Lesson report form for a grammar lesson

1.The main focus in today：

a.mechanics（e.g., punctuation and capitalization）

b.rules of grammar（e.g., subject-verb agreement；pronoun use）

c.communicative use of grammar（c. g, correct use of past tense forms in a narrative

d.others

2.The amount of class time spent on grammar work was：

a.the whole class period

b.amolst all of the class period

c.less than that（minutes）

3.I decided what grammar items to teach：

a.according to what was in the textbook

b.according to what was in the course syllabus

c.based on students' performance on a test

d.based on students' errors in oral and written work

e.others

4.I taught grammer by：

a.explaining grammar rules

b.using visual aids

c.presenting student errors

d.giving students practice exercise from a textbook

e.giving students practice exercise that I designed

5.When assessing student work on grammar, I had students：

a.study rules of grammar

b.practice exercises orally in class

c.practice exercises orally in the language lab

d.do exercises for homework

e.do exercises based on errors noted in their writing

f.go over each other's homework or Glasswork

续表

g.keep a personal record of the errors they make
h.do sentence-combining exercises
i.create sentences or paragraphs using specific grammar rules or sentence patterns
j.indentify and correct grammar errors
k.indentify and correct grammar errors in their own writing
l.indentify and correct grammar errors in other student's writing
m.others

（资料来源：Richards & Lockhart,1994）

此外,教师可以选择相对简单的教学报告法,在一节课结束之后,教师可以针对如下几个问题来进行回答。

（1）这节课的教学目标是什么？

（2）在课堂上学习者真正学到了什么？

（3）我的教学过程是什么？

（4）对教学过程中遇到的问题是如何处理的？

（5）课堂上哪部分最成功？

（6）如果这节课重新教一遍,我会采取怎样的做法？

教师将上述问题的答案记录下来,可以作为以后分析教学以及进行反思的素材。实际上,教师对问题进行回答的过程就是一个自我反思的过程。

教师的主体性是为了学生主体性服务的。教师应该让学生了解自我评价的方法,从而使其不断提高学习的自主性。

2.注重效率

注重效率是英语教学评价应当遵循的一个重要原则。影响教学评价顺利有效进行的因素主要有教学活动的设置、学生的配合、评价的方式等。

首先,课堂教学活动具有一定的目标,每一个教学环节都应围绕着课堂教学目标而进行。

其次,评价的整个过程都需要让学生理解,如让学生理解采用评价方法的作用和操作方式。要让学生看到教学评价给他们的学习带来的切实的效益。只有让学生看到评价的实际效用,他们才会积极主动地配合。

再次,监控教学评价所采用的方法。这有利于方法的调整和具体操作,从而保证教学评价的作用充分发挥出来。

最后,教学评价要以学生自评为主,推动他们成为自主学习者;通过自评学生从学习目标完成的情况中发现自身存在的问题。

3. 目的明确

英语教学评价并不是盲目进行的,而是有一定目的的。没有了目的性,英语教学评价也就从根本上失去了存在的意义。

学生应对教学评价的诸多方面有所了解,如教学评价的重要性、各种评价方式的操作和作用等。

教师对于各种评价方法的目的和其预期的效果都应有所了解,不同评价方法的预期目标不同,适用的范围也不同,只有这样教师才能在诸多评价方式中做出正确的选择。

此外,教师在选择时还应结合自己班级和课堂的具体情况,并且注意各项方法技巧的作用。

(二)客观方面的原则

1. 多元化

首先,评价主体是多元的。无论是对教师教学的评价还是对学生学习的评价,教师和学生都要参与到其中。此外,评价主体还包括与教育活动有关的学生家长、社会机构等,从而丰富评价主体的构成系统。

其次,评价对象是多元的。评价对象应该将教学目标、教学评价者、被评价者、课程参与者包括在内。这样有利于保持评价结果的信度和效度,以及降低评价的消极影响。

将教学目标纳入评价对象之列,可以随时对教学目标进行评价,从而有利于对教学过程进行调整,促进教学效果的不断提高。

教学评价者应当既是评价的主体,也是评价的对象。将教学评价者也列入评价对象之中,可以促使其不断提高自身水平、技能,从而有利于提高评价结果的效度和信度。

将被评价者的主观情感、心理因素、能力等融入教学评价中,将有利于被评价者的全面发展。

课程参与者包括参与课程开发、编制、设计的人员,以及课程实施和课程管理的人员。

2. 讲求真实

教学评价讲求真实,真实的生活环境强调真实性任务、真实的挑战,要在真实的生活情景下对学生的发展进行评价。

首先,在教学评价开始之前,制定好清晰的评价工具,相当于"检核表"。

其次,在现实生活的真实情境中,给学生呈现开放的、不确定的问题情境,并且让学生通过知识和技能的整合来完成任务。

再次,真实性评价承认个体之间的差异,主张对不同的学生采取不同的评价策略。

最后,评价通常被整合在师生日常的课堂活动中,成为教师教学和学生学习的一部分。学生不再是被动的测验接受者,而是评价活动的积极参与者。

3. 强调过程和发展

教学评价强调过程包括三个方面的内容。微观上,教学评价直接针对课堂教学活动的历程,结合课堂教学的目标来评价课堂教学的效率。中观上,教学的评价不应只是发生在教学结束后,而应发生在教学设计和教学实践的整个过程之中。宏观上,有效教学的评价既注重对教师"教"的过程的评价,也注重对学生"学"的过程评价。为了实现对学生学习评价的过程性,教师要把评价对象当前的状况与其发展变化的过程联系起来,并将一次性评价改为多次性评价。教师要明白,评价是一种连续性的过程,且有一定的规律可循。因此,教师要将对学生的评价纳入正常的教学过程之中,使其对学生的学习和教师的教学真正起到实时监控的作用。

教学过程强调发展,是指教学评价为了改进教学质量以及促进学生的发展,观察学生的表现。因此,教学评价强调质性评价和定量评价相结合,强调对人性的关怀以及个体的全面发展。

四、教学评价的步骤

教学评价是一个有目的、有计划的活动过程,通常需要按照一定的流程或程序进行。

（一）确定评价的方向

追求价值是人类活动的内在动力,而教学评价正是一种价值判断。有效教学的终极价值应该以过程价值为基础,终极价值是学生的全面发展,过程价值是学生素质的沉淀。

就目前的情况来看,国内评价的方向存在着以下三个问题。

（1）注重结果的有效性而忽略过程的有效性。一般来说,效果并不仅仅表现在结果上,也表现在过程中,而这种效果又往往不是教学目标所能涵盖的。

（2）教学效果并非全都立竿见影,教学效率不取决于相同时间内所产生的问题。所以,不能以经济学中"投入产出"的观点简单类比教学活动。

（3）强调量化和可测性,忽略了质性评价。在实际教学中,只有结果性目标才能量化,体验目标是无法量化,也是不应该量化的。

（二）制定评价的指标体系

教学评价的指标应该涉及课堂气氛、教学资源以及教学效果几个部分,这几个部分具有各自的目的。概括来说,评价指标体系的有效性可以从以下几个方面去衡量。

（1）指标体系是否具有效度和信度。

（2）指标体系与教学目标的一致性。

（3）评价方案能够在多大程度上为被评价者提供明确的指导。

（4）使用该评价方案的人员是否能够接受它。

需要注意的是，确定了指标体系之后，评价实施者还需要接受有针对性的培训，以便具备相关的知识和能力。

（三）选择合适的评价技术和方法

为准确反映学生的学习状况与存在的问题，使评价结果能够为教师提供有效的反馈，在进行教学评价时应对学生的学习习惯、接受程度、学习能力以及教学进度、教学难度等各种因素进行综合考虑，从而选择合适的评价技术与方法。

此外，评价时还应进行多种手段的有效结合，如定性分析和定量分析的结合、过程性评价与终结性评价的结合。从一定意义上来看，对复杂的教育现象进行适当的定性分析比单纯的定量描述更能准确、恰当地反映实际情况。

（四）实施评价

实施评价包括以下四个步骤。

（1）根据指标体系来制订评价计划。向被评对象宣传评价的目的、作用、步骤等信息，使其消除对评价的抵触情绪。

（2）运用一定的方法搜集评价所需要的相关信息。

（3）筛选和统一分析所搜集的信息，并与评价指标做比较，得出评价结论。

（4）反馈评价结论。这可以让被评价者清晰地认识自己目前的行为和效果及其有利和不利因素，并根据评价者的改进意见，使自己的后续行为发生特定的变化。

为了提高反馈的有效性，评价者需要注意以下操作技巧。

第一，使用描述性而不是评价性的语言进行反馈。

第二，要根据被评价者的具体行为，明确指出他们的优点和缺点。

第三,要使用合适的反馈途径,如面谈、书信、电话等,使评价结论能够为被评价者接受。

第四,指出被评价者可以控制的不良行为。

第二节　英语测试中文化融入的意义

一、诊断反馈

文化测试与评价带有诊断反馈的功能,能够对学生的学习情况进行诊断,从而发现学生学习中的不足之处。通过文化测试与评价,教师能够及时收集测试结果,对学习问题的总结,最终针对不同学生制订不同的学习计划,帮助学生提高学习能力。

二、科研调查

文化测试与评价还具有科研调查的功能。科研调查时教师教学的重要补充,其包含的方面十分繁杂。例如:

（1）调查在相同的大学英语学习环境下,为什么学生的学习效果有所区别。

（2）调查不同的教学方法对提高学生跨文化交际能力的影响。

（3）调查大学英语教材对跨文化交际能力的影响。

（4）调查学生跨文化交际的过程。

上述列举的只是文化测试与评价研究的一小方面,在具体的教学实践过程中,这些调查研究都需要跨文化交际能力测试结果作为参考。可以说,进行科研调查离不开测试。

三、人才选拔

人才选拔是测试的重要功能,对于文化测试与评价也是如此。通过文化测试与评价有助于人才的选拔,对编班有着重要的借鉴作用。通过测试结果,教师可以了解学生的大致学习水平,从而将学生分入不同的班级中,避免因为学生学习水平不同对教学整体进度的影响。

第三节　文化测试与评价的内容与方法

一、文化测试与评价的内容

确定评价的内容是评价的第一步。综合已知外语教学和跨文化培训各位专家的研究成果,文化测试与评价应该包括以下内容。

（一）具体文化与抽象文化

文化测试与评价的内容可以从具体的文化层面与抽象的文化层面来考量。

（1）具体文化层面。从具体文化层面来说,文化测试与评价的内容包含如下五点。

文化知识:知道有关目的文化的历史、地理、政治和社会等宏观层面。

文化功能:理解目的文化在其社会各种场合的功能,在语言使用中的体现,在个人生活中的作用,这是文化的微观层面。

文化价值观念:理解并能解释目的文化的世界观、价值观和信念及其对人们日常生活和工作的影响。

文化差异:知道并能理解目的文化与本族文化的差异。

交际能力:使用目的语言和以上相关文化知识与来自目的文化的人们进行有效、恰当的交流。

（2）抽象文化层面。从抽象文化层面来说,文化测试与评价的内容包含如下三点。

文化意识:对文化差异具有敏感性,能够用不同的文化参考框架去解释文化差异。

跨文化交际能力：能够灵活应对不同文化，与来自目的文化和其他文化群体的人用英语进行恰当、有效的交流。

文化学习能力：掌握文化探索、学习和研究的方法。

（二）知识、态度和技能

文化测试与评价的内容也可以分为知识、态度和技能三个层面。

（1）文化知识包括普遍文化知识（文化的普遍规律和作用等）和具体文化知识（本族文化、目的文化和其他各种文化），宏观文化知识（某一文化的历史、地理、艺术等）和微观文化知识（某一文化的社交礼仪、生活习俗、价值观念等）。

（2）态度层面指的是对某一具体文化群体的看法和接受程度，也包括对文化差异的敏感性。

（3）技能是指在跨文化交际中的行为表现，也就是文化知识和情感态度在行为层面的表现。

由于文化知识是跨文化英语教学中的一个部分，文化教学测试与评价必须与语言内容的测试与评价结合起来，形成一个整体，这一点在很大程度上取决于测试与评价的方法和手段。

二、文化测试与评价的方法

所谓文化知识，是指对文化信息、文化价值观、文化模式、不同文化之间的差异等进行认知理解的能力。基于这一知识，文化测试者设计了相应的测试方法。

（一）普通文化知识测试法

普遍文化知识是基于文化学、社会学的基础上建立起来的一些知识，其要求学生应该了解社会、文化、交际等层面的意义，只有了解了这一层面，才能更好地展开文化测试。一般来说，对于普通文化知识的测试,传统的笔试就可以做到这一点。与之相比,其他文化知识的测试就比较困难,值得学生们格外注意。

（二）行为表现评价法

行为表现评价法的目的是评价学习者应用知识去解决问题和分析问题的能力。通俗地讲,如果想知道一个人能做什么,最好的办法就是让他做给你看。在外语教学中应用行为表现评价法的好处体现在两个方面。第一个最大好处在于,它更真实地反映了学习者的语言应用能力。外语学习的最终目的不是掌握外语语言知识,而是提高外语交际能力。只有通过基于任务(task-based)或基于项目(project-based)的行为表现评价法,才能真实地评价学习者的外语交际能力。第二个好处在于它对课程设计和课堂教学的反拨和指导作用。

行为表现评价法包括三个主要部分:给学生布置的任务、学生针对任务做出反应的形式和预先确定的评分体系。行为表现评价法采用的是主观的整体评分法,为了保证信度、效度和公正性,需要制订一个可靠、易于操作的评分系统,这是实施行为表现评价法最困难,也是最关键的环节。

一般来说,实施行为表现评价法需要经历以下八个步骤。

第一,根据教学目标,确定评价的内容和目的。

第二,以评价内容为基础设计真实的任务。

第三,明确学生完成任务或应用知识解决问题和分析问题所需要具备的知识和技能。

第四,审定这些知识和技能是否能够通过所设计的任务反映出来,如果必要,进一步修改任务。

第五,确定评判标准和不同等级水平的定义。

第六,向学生介绍该评价的目的、内容、形式和标准。

第七,直接观察学生的表现,并将他们的表现与先前制定的评判标准进行对照,予以定级。

第八,将评定结果反馈给学生。

第九章　基于跨文化理论的英语教师
角色定位与素质提升

　　跨文化交际的不断深入使人才的交际性与实用性成为人们关注的焦点。在这样的时代背景下,英语教师应对自己的角色进行重新定位,并从多个方面来提升自己的综合素质,这样才能更好地适应时代的要求。

第一节　基于跨文化理论的英语教师角色定位

一、学生跨文化意识的路标

　　跨文化交际能力的培养是一个长期的过程。实际上,跨文化交际能力的培养是通过提高学生的跨文化交际意识来实现的,跨文化交际能力是跨文化交际意识的外在表现。跨文化交际意识的形成包括以下四个阶段。

　　（一）文化意识觉醒时期

　　在文化意识觉醒时期,个体开始意识到文化及其影响的存在,并且开始意识到其他文化的存在。

　　在这一阶段的教学活动中,教师应努力引导学生去发现不同文化存在的差异,不但包括具体、外显的文化差异,而且包括抽象、内隐的文化差异。文化意识觉醒时期的关键特征表现为非判断性观察,即客观描述所见文化,避免使用判断性语言进行评价。换言之,避免使用"滑稽""落后"或是"进步"等字眼仓促地为某种文化行为贴标签。理想的跨文化交际者应该以做科学报告的态度描述所见现象,因此教师应该设计一些描述跨文化交际现象的课堂活动,提高学生对认知对象进行客观描述的能力。

（二）文化态度建立时期

在认识到文化和文化差异的同时,人们会对此做出积极或消极的反应。这一阶段,理想的培养结果是主体能够以中立或接受的态度对待文化差异,但事实上,人们最常见的做法是背离自身文化接受目的文化,或者排斥目的文化坚持自身文化。

在这一阶段的教学活动中,教师应该着重帮助学生培养处理分歧和差异的能力,要让学生明白世界上并不是只存在一种行为模式,也并不是只存在一种社会组织方式,我们应该学会接受差异,接受文化多样性。

（三）融入其他文化时期

这一时期是跨文化交际意识和能力发展的高级阶段,个体在跨文化交际语境中表现出双重文化身份,可以进行双语思维。实现双文化身份要求行为主体具有移情能力,这不仅要求行为主体把自己投射到目的文化的人物身份中,还要求行为主体自愿放弃与自身文化身份的密切关系。

行为主体开始尝试融入其他文化,以其他文化视角思考问题和实施行为。在这一时期的教学活动中,教师应引导学生转换文化立场,超越自己所在文化的框架模式,将自己置身于其他文化模式中,培养学生对其他文化的理解能力。

（四）文化理性时期

在跨文化交际意识形成的最后一个阶段，行为主体能够初步评价自己所属文化中的某些现象，并且能够对其他文化的某些方面做出判断和评价。行为主体的认知水平在这一阶段已经能够超越具体文化，看到不同文化中的优点和缺点，找寻文化的共通之处，评价世界文化的活力和多样性。

在这一阶段的教学活动中，教师应培养学生尊重不同文化的能力，但此时，教师应提醒学生在注意尊重其他文化的同时，也可以保留不同的看法和意见。

二、培训者与合作者

英语教师不仅是英语语言的诠释者和分析者，更是英语语言技能的培训者和合作者。在学生进行语言学习时，对语言知识的掌握是必要的前提条件和基础，而学习语言的目的是提高和发展自己的语言运用能力。一般来说，语言技能包含听、说、读、写等。从语言的发展规律上来看，听说位居第一，而读写其次。但是，从外语教育的角度来说，读写是居于第一，听说第二。这就说明，英语教育的目标是让学生具备一定的读写能力，而听说能力是提升学生读写能力的前提和基础。

因此，在英语教学中，教师具备语言技能的掌握能力是必须的，这是一个整体的概念，是听、说、读、写的有机结合。如果不能掌握这些技能，教师就很难驾驭语言课程，也很难娴熟地对语言教学活动进行组织，也无法完成提升学生语言技能的重要目标。另外，还需要指出的是教师还担任着英语语言训练的合作者身份。也就是说，并不是教师将任务布置给学生就可以了，还需要引导学生，参与到学生的活动中，让学生在教师的帮助下更游刃有余，既学到了知识，也完成了任务，进而也提升了教师的教学效果。

三、引导者与帮助者

英语教师是英语语言知识的诠释者,因此他们必须具有渊博的英语语言知识储备。也就是说,英语教师必须对专业知识有一个系统的掌握,并能够系统地分析出各种英语语言现象。从教师教育的研究中不难发现,英语教师需要掌握的专业知识包含理论知识、形式知识、语境知识、实践知识等。这些知识不仅包含语言形式结构的知识,还包含语音知识、词汇知识、语法知识、语篇知识、社会文化知识等具体的语言使用的知识。英语教师只有掌握了这些知识,才能对语言材料、语言现象有一个清晰的说明,也才能解答学生学习中所遇到的问题,从而使学生实现恰当的理解和语言输出。另外,语言技能的掌握和使用也离不开语言知识的积累。通过不同的语言形式,语言功能得以实现。无论教师采用何种教学策略,其必须要教授的教学内容就是英语语言系统知识及对这些知识的分析和输出。可见,教师是英语语言知识学习的引导者和帮助者。

四、评价者与掌控者

教学评价是英语教学的一个重要环节。对英语教学进行科学、全面、客观、准确的评估对于教学目标的实现是非常重要的。教学评价既是教师获取教学反馈、改进教学管理、保证教学质量的一个重要依据,也是学生改进学习方法、调整学习策略的一个有效手段。教师通过批阅学生的作业就可以了解学生对知识点的掌握情况。但是需要注意的是,任何事情都具有两面性,抛开批改作业的质量来说,就是当批改完成后教师也没有多余的精力去总结学生的完后情况,或者去分析其中存在的问题。

五、教学方法的探索者

在英语教学中,教师不仅仅是固有教学方法的使用者,也承担着新型教学方法的探求者和开发者的角色。语言教学具有很强的实践性,因此其与教学方法关系密切。英语语言知识的分析、语言技能的掌握、课堂活动的组织等都离不开教学方法的参与。英语语言教学的方法有很多种,如语法翻译法、听说法、交际法、情境法、任务法、自主学习法等,这些方法都存在某些优点,也存在着某些缺点。因此,任何一种教学方法都不是万能的,英语教师需要将各种教学方法综合起来组织和实施教学,以便收获更好的教学效果。就当前的英语教学来说,已经从传统的以教师为中心转向了以学生为中心,强调学生的地位,这也有助于实现教师和学生的双向互动。

六、语言环境的创设者

根据二语习得理论,语言环境对于语言学习有着至关重要的作用,尤其是在缺乏真实语言环境的教学中更是如此。通过创设真实的语言环境,教师可以将新旧知识联系起来,了解中西方的文化传统习俗,接受原汁原味的中西方文化的感染和熏陶。这比学生单独学习词汇、单独学习句子等成效显著得多。英语语言环境的创设不仅在课堂教学中展开,在课外教学中也是存在的。

七、课堂活动的组织者

对于任何教学活动来说,课堂活动是必不可少的,这在英语课堂也不例外。英语课堂活动是课堂教学的载体,设计合理的英语教学活动有助于提升教学的质量。如前所述,英语是一门特殊的学科,有着特殊和明显的特征,因此在课堂上教师需要对英语技能进行培养和训练。而英语课堂活动恰好是训练技能的一种有效方式。但是就普通英语课堂来说，教师可用的教具只能是粉笔、黑板、幻灯片、录音机等设备，这些携带并不方便。

在这些教具下，学生可以了解很多基础性的知识，对基本原理有了更直观地了解和接触，但学生并没有太多的机会参与到课堂中，仍旧扮演者被动者的身份。同时，英语训练需要语言环境的参与，但是在普通的英语课堂中智能提供是有限的，如辩论、对话、话剧表演等在内的环境，很少有真实的语言训练的机会，如远程对话交流、电影配音等。虽然教师发挥了活动组织者的身份，并且活动也大多比较直观，但是这是远远不够的，不能加深学生对英语语言知识和技能的印象，也很难巩固自己的语言知识体系。

八、语言教学的研究者

英语教师除了担任语言教学任务外，还承担着研究者的任务。他们在掌握语言教学理论与性质规律的基础上，逐渐构建自己的教学理念，并运用这一理念去指导实践活动，达到良好的教学效果。因此，英语教师在英语语言教学实践中，必须进行英语语言教学的理论研究，将教学研究与课堂教学实践相结合，从而实现理论到实践的转变，再到理论的升华。

九、文化差异的解释者

英语教师还充当着中西方语言文化差异的解释者的角色。文化背景与文化传统不同，其价值观念和思维方式也存在明显差异。文化差异逐渐成为英语读写教学过程中的障碍。从社会文化角度来说，语言是一种应用系统，具备独特的规范和规则，是文化要素中不可或缺的一部分。在英语教学与学习中，除了要教授英语语言知识和技能外，还需要教授文化背景知识，三者是相互促进、相互弥补的关系。在语言文化知识的内容上，除了要讲解本土文化知识，还需要讲解英语民族的文化知识。

中西方语言文化的差异性主要体现在社会制度、风俗习惯、思维方式以及道德价值上,其在语言的词汇、篇章、言语行为中都能够体现出来。作为中西方语言文化差异的解释者,英语教师需要对中西方的语言文化及差异性有一个清晰的了解和熟知,因此他们需要大量阅读中英文资料、观看中英文电影,积累足够的、能够表现中西文化差异的"一手"素材。另外需要指出的是,在充当中西方语言文化差异的解释者的过程中,教师需要保持一种中立的态度,文化没有好与坏,在选取素材上也尽量选取那些不会伤害任何文化的素材,这样有助于更好地引导学生对文化差异有一个清晰的认知。

对外进行交流的目的是让世界了解中国,同时让中国走向世界,因此大学英语教材编写应在介绍英美文化的同时,增添富有中国文化特色的文章,从而增强教材的实用性。因此,教材的编写应增加中国文化的英文表达方式。例如:

《四书》*The Four Books*

《五经》*The Five Classics*

《诗》*The Book of Poetry*

《书》*The Book of History*

宣纸 rice paper

叩头 kowtow

孝子 dutiful son

秦兵马俑 terracotta warriors of the Qin Dynasty

馄饨 wonton

冰糖葫芦 a stick of sugar-coated haws

拜年 a New Year visit

京剧 Beijing Opera

十、现代技术的应用者

在新时期,即网络、多媒体非常普及的当前社会,英语教师的职责并没有削弱,而是面临着更艰巨的挑战,因为这一全新的教育形式对英语教师提出了更高层次的要求。基于网络、多媒体的英语教师必须学会运用先进的教学手段和教学模式,改变传统的教学理念和模式,使自己成为现代技术的应用者,这样才能适合当前教育的需求。对于英语教师而言,熟练应用现代技术的能力主要体现在如下几个方面。

（一）设计有效的主题教学模式

在新时期,英语教学要求教师设计和探讨新的教学方法和教学模式,既要将网络多媒体的优势发挥出来,又要提升学生的学习效率。但是,英语教师设计的主题教学模式应该是学生感兴趣的热点话题。整个主题教学模式是围绕某一主题进行的,让小组进行关于主题的分散讨论,最后以主题写作形式结束单元主题的教学。当教师运用网络来与学生进行讨论时,要对教学的内容、网上的资源进行合理安排。一般来说,讲评和讨论可以在课堂上进行,而阅读和写作可以在网络上进行。在新时期,教学中设计的每一个主题都可以在网上找到丰富的资料,包含其涉及的文化背景知识和发展动态,由学生自己进行整理总结,得出自己的结论,然后再与其他学生展开讨论,这样就可以抛弃课本对学生的束缚。

在这一教学模式下,教师在设计时尽量链接一些有效网址,如常用的热点新闻网址,帮助学生接触更多的国内外新闻知识。同时,教师还可以介绍一些国内外主要报纸杂志的网址。另外,教师可以下载一些争议性、前沿性的资料,引发学生的挑战意识和欲望。当然,对于一些敏感性的话题,教师需要对学生进行正确引导,尤其是与国家尊严相关的话题。

（二）建立在线学习系统并监控学生学习过程

网络多媒体技术为学生的英语学习提供了便利条件,而调控学生的学习、提供个别的指导是教师的主要任务,但是首先要做的就是建立一个完善的在线学习系统。这一系统不仅要包含教师端,还应包含学生端。学生端首先需要填写自己的信息,然后按照班级让教师提出申请,进而加入到这一在线学习系统中。教师对学生端进行审核,确定无误后允许学生加入到该系统中。根据导航指示,学生获取相关资料并且可以下载下来。例如,在线学习系统包含"单元测试"与"家庭作业"等子项目,学生在"单元测试"中进行训练和测试,在"家庭作业"中提交自己的作文。之后,学生可以通过"师生论坛"或者 E-mail 的形式与教师或者其他学生进行讨论,参与网上的交互。

例如,淄博师范高等专科学校英语口语教学所采用的配合线上线下混合教学模式的优慕课 APP,学生的在线时长、疑难讨论和在线测试成绩等都可以输出为监控数据,作为教师评价学生学习活动的依据。

不难发现,在线学习系统是课堂教学的延伸。通过系统的处理和记录,教师可以将学生的记录进行综合比较,从而迅速、直观地了解学生的学习状况。

(三)设计单元任务

单元主题目标往往需要对单元任务进行设计,学生通过对真实任务的探索以及对英语语言的操练,既能够扩宽自己的知识面,又能够提升自己解决问题的能力。因此,语言单元训练任务是语言学习的一项重要项目,这就要求教师在网上设计相应的能够提升学生基本技能的任务,让学生在规定的时间内完成任务,然后提交后查看结果,电脑当场给予学生分数。学生以这种方式完成一系列的任务,有助于降低压迫感与挫败感,他们也愿意参与到任务中。

语言单元训练任务的完成是学生接下来解决问题的前提,他们只有掌握了必备的语言素材,才能对相关的语言材料进行操练和应用。通过网络,学生可以选取教师设计的单元任务,根据自己的实际水平来决定,然后进行师生交流、生生交流,最后以网上作业的形式呈现自己的观点。

（四）促进交互机制实施

单纯的语言输入并不能保证语言的习得,而交互活动是语言习得的关键,其中交互活动包含意义协商和语言输出。网络多媒体为英语学习的交互提供了大大的便利。作为交互学习的促进者,教师应该组织指导和激发学生参与到主题单元的交互活动中。例如,利用 QQ 就某一专题与学生展开交流;利用 BBS 发布教学内容,布置给学生学习任务,为学生分析解决问题提供指导;利用 QQ 群或者讨论组与学生进行交流等。这些网络交互活动可能具有即时性,也可能具有延时性,但是在整个活动中教师都是促进者的身份,与学生进行平等的讨论,并给予恰当的意见。

（五）帮助学生利用网络学习

网络多媒体辅助英语教学的一个重要特色就是其具有网络监控作用。通过网络监控学习,有助于了解学生的学习过程,帮助学生实现自己的需要。教师是学生网络学习的帮助者,尤其是后进生的帮助者。通过学生对网页等的浏览,教师可以进行记录,了解学生的参与情况和次数,帮助他们了解学习中的困难,并解决实际中的问题。但是,由于学生出现的问题不同,因此教师应该根据不同的学生给予不同的指导和辅助,促进学生得到不同层次的提升和进步。可见,教师对学生网络学习的帮助更具有人情化,避免了学生出现畏惧心理,并能够快速地解决问题,完成自主学习。

（六）搜集和分析大数据

当今,信息技术发展到大数据阶段。随着使用大规模的在线公开课程,学生可以免费获取大量的名校课程,学生进行学习的途径有更多的选择,这就给英语教师提供了更高的要求。数字教育平台的建立使得各门课程的网络学生逐步增多,网络信息库的资源被迅速捕捉出来。通过对学生的海量信息进行收集和挖掘,教师可以更准确地把握学生的特征以及学生学习的效果,并对学生下一步的学习形式和内容进行预测,真正地实现因材施教。作为大数据的搜集挖掘者和分析者,英语教师必须把握大数据分析的技巧和方法,其中包含模型预测、机器学习、比较优化、可视化等方法。

第二节　基于跨文化理论的英语教师素质提升

一、提高自身素质

英语教师应该在语言特点的前提下不断提升自身素质,从而更好地提升学生的语言能力和交际能力。

（一）教学素质

1. 精湛的专业水准和知识储备

新时期的英语教师需要具备精湛的专业水准和知识储备,即扎实的语言基本功。所谓语言基本功,是指教师能够驾驭和把握英语语言知识和语言技能,能够得心应手地运用英语这门语言进行授课,这是对英语教师最基本的素质要求。

在当前新时期,教师最重要的业务素质是较强的口语表达能力及较强的写作能力。这是因为在新时期英语教师与学生往往通过文字与声音来交流,如果教师能够表达清晰,那么必然会与学生很好地完成沟通。可以说,语言丰富多彩、文字表达准确流畅是教师的必备素质。同时,教师还需要引导学生培养自己的批判性思维、掌握不同文化的差异性、对他国文化进行有选择的吸收,激发学生使用英语语言的兴趣,并使学生能够从中感悟人生。

除了具备基本的知识储备外,英语教师还应该拥有运用现有知识和技能来学习其他信息、其他知识的能力。这是因为在新时期问题讨论都具有开放性,既不能预测,也不能设定结果。也就是说,教师和学生站在同一起点上,如果教师没有足够多的知识储备,那么就很难引领学生进入下一阶段的学习,也无法在学生面前展示出教师的形象。

2.丰富的教学方法

在新的时代环境下,英语教师的角色发生了重要改变,教师充当的是教学的设计者、学生学习协作者的角色。教师与学生之间是互助合作的伙伴关系,学生是任务的操控者和实践者,因此教师的教学方法必然会发生改变。在新时期,教师不仅仅是单一的口述教学法,而应该借助多种教学方法对教学内容进行展示。例如,教师在开展网络多媒体辅助下的英语教学时,可以将课堂、个别化、自学等形式结合起来,随时了解学生的学习情况,学生也能够选择适合自己的学习方法和内容。此外,教师可以优化传统的教学法,如暗示教学法、合作教学法、案例教学法、启发教学法等,加强这些教学方法的合理利用,弥补之前这些教学法的不足,从而大大提升学生的兴趣和积极性,提高整个英语教学的效果。

3.新颖的教育理念

通过对新时期的英语教学进行研究可知,外语习得是学生在一定的社会文化背景下,通过他人的帮助利用其他学习资料,以意义建构的形式来获取外语语言能力。这一新颖教育理念要求教师以学生为中心,教师的责任是指导学生,参与学生的互动中。事实上,教师和学生都是主体,教师主要起教的作用,而学生起学的作用,因此互动主体课堂理念不仅没有将教师的意义抛之于外,反而更注重教师的监督和管理作用。也就是说,教师发挥的作用更重要。在课堂开始之前,教师需要搜集相关课堂教学资料,设计与课堂主题相关的题目,提前布置给学生任务,让学生积极地参与其中。

在课堂上,教师与学生之间进行交流与活动,可以是个人展示,也可以是分组活动;可以先讨论再展示,也可以先陈述观点再讨论点评。基于这一教学理念,教师作为教的主体,应充分发挥指导作用,在课前对相关教学资料进行搜索,设计相关的语言活动主题,为学生布置课堂上的活动任务,激发学生参与的积极性与主动性,并要求学生在课下通过网络搜集资料、进行交流讨论等。就课堂上的交流活动而言,可以播放视频,也可以制作PPT课件;可以先个人陈述观点,后进行讨论点评,也可以先讨论,后展示;可以是个人展示,也可以是小组活动。生生互动与师生互动的课堂延伸活动与教师的监测都可以在课堂教学中进行,使学习活动任务在教学中构成一个统一的整体。

4. 创造性的教学思维

在思维领域,创造性思维是最高的形式,是有价值的思维形式。所谓创造性思维,是指运用新方式、新技术来解决问题、处理问题。创造性思维具有四个基本特征。

(1)多向性,其包含发散性思维与聚合性思维。

(2)独特性,其能够打破常规,从独特的角度来发现与解决问题。

(3)发展性,对事物的发展应该具有预见性,进而推测事物发展的趋势。

(4)综合性,通过综合和分析归纳,抓住事物的主要矛盾和矛盾的主要方面。

在新的社会环境下,英语教师应该充分利用各种教学资源进行教育创新和教育科研。独特性思维要求教师应该对中英文信息资源有足够的掌握,从而设计出个性的教学模式和方法。多向性思维要求教师具备对教学资源进行归纳的能力,从而优化自己的教学效果。综合性思维要求教师具备将英语学科与科学技术整合的能力,将科学技术最大化地运用到英语教学中。发展性思维要求教师的眼光应该具有前瞻性,跟着技术发展预测教学的发展前景。

（二）职业素质

教师职业道德是作为一名教师基本的行为操守和道德品行,是教师在教学过程中调控与国家、与社会、与学生之间关系应该遵循的道德意识、道德规范、道德情操的综合。无论教学模式、教学形式如何变化,对教师的职业道德要求是永远不会改变的。在新时期的英语教学中,教师与学生之间的交流必然会遇到多种疑问和讲解,因此教师需要具备过硬的品德修养,更强烈的耐心和责任心,对学生的成长加倍关注,帮助学生答疑解惑。

教师具备高尚的职业道德要求他们对待学生要循循善诱、宽厚待人,善于关注学生及他们的身心健康。教师首先要对学生的心理特点了解清楚,帮助学生在新时期构建正确的价值观与人生观,构筑积极、健康的心态和体态。在新时期,学生必然会受到虚拟环境的影响,其接受的海量信息也必然是复杂的,他们的心灵也会随之受到冲击和考验。同时,学生具有个性化、多样化的特点,因此他们更加注重个体对事物的体验,对平等、个性等有着极大的认同感,这种敏感的认同必然会引起学生产生很多问题。

因此,英语教师应该帮助学生培养自己的品德,通过与学生沟通,了解学生的心理动向;也可以给学生推荐一些必读物,为更好地参与校园活动,树立正确的人生目标,与同学和谐的相处做好准备。在新的时代环境下,教师可以借助互联网技术给学生提供有价值的电子书与视频文件,帮助学生树立积极向上的心态。他们可以建立 QQ 群、讨论组、微信群等,相互交流,及时帮助其他学生解决自己遇到的学习问题,杜绝各类恶性事件的发生。

（三）科研素质

理论来源于实践,而教学理论也来源于具体的科研实践。科研实践是检验科研理论的基础。教育教学将理论与实践相结合，而教学实践也需要科研理论的指导，新的科研理论方法产生于教学实践，二者相互促进、相互补充，共同发展。

在当前社会形势下，英语教师需要具备非凡的科研能力，首先要求教师具备基本的研究方法，如教学实验法、问卷调查法、访谈法、文献法、个案研究法等。在具体的实施中，教师从自己的需要出发，选择与自己相符合的研究方法。另外，英语教师还需要具备信息加工、网络搜索、信息反馈等科研能力。

（四）信息素质

"信息素质"这一概念是 1974 年由美国信息产业协会主席保罗·泽考斯基提出的。一个人具有较高的信息素质，他就能认识到完整与精确的信息，这些信息是做出合理角色的基本；他能够确定对信息的需求，形成基于这些需求的问题；他能够确定哪些信息源是潜在的，从而根据这些信息源制定成功的检索方式；他具有获取、组织、使用、评价信息的能力。因此，英语教师需要养成信息化教学的习惯，使自己的知识向着多样化的方向发展。

在新时期，英语教师提高教学质量的关键在于对现代技术的掌握和具备较高的信息素质。具体来说，英语教师需要做到如下四点。

（1）具备了解最新动态、及时捕捉前沿信息的能力。

（2）具备较强的信息运用和创造的能力，这是英语教师与其他职业在信息素质上有明显区别的特征。

（3）具备较强的信息获取、信息存储、信息加工、信息筛选、信息更新、信息创造的能力，这是教师具备较强的信息素质的核心。由于各类信息复杂性与变化性，英语教师需要对相关有价值的信息进行辨别，并且能对这些信息进行加工和利用。

（4）具备良好的信息意识，能够从复杂的信息结构中捕捉到有效的信息，把握英语这门学科的动向。同时，教师还能够抓住学生的信息，对他们的心态与体态有一个基本的把握，从而为保证学生的健康发展奠定基础。

此外,在新的时代环境下英语教学中会经常使用计算机,这就要求英语教师具有较强的计算机工具使用能力。这主要包括制作英语课件的能力与音频、视频编辑能力。英语教师应可以熟练使用 PPT 等工具制作单机版与网络版的多媒体课件。此外,英语教师还应能充分利用计算机软件对通过网络下载的图形图像、视频文化、声音结合具体的教学要求加以编辑与集成。

二、提高跨文化意识

在跨文化交际英语教学中,需要对学生跨文化意识进行培养和提高。因此,教师在跨文化交际能力的培养中有着非常重要的作用。

(一)跨文化意识培养的意义

跨文化意识是指在跨文化交际中自觉或不自觉形成的一种调节方法和认知标准。可见,跨文化意识主要是指对文化差异的意识。

跨文化交际涉及“信息源—编码—信息传递—解码—反馈”等多个环节,是一种双向信息交换的动态过程。在这一过程中,教师在信息传递中起着桥梁作用(胡文仲,1988)。

可见,培养跨文化意识影响着教师的教学效果。否则一旦碰到有文化内涵的词语时就可能犯错误,造成交际语言不得体或交际失误。

此外,教师还应积极扩充教学中语言表达失误的教授,从而让学生了解语言失误现象,从而认识到跨文化交际意识对交际的影响,最终提升学生的跨文化交际能力。

（二）跨文化意识培养的四个层次

1. 旅游者心态

学习者从母语文化的角度去观察、认识他种文化是这个层次的特点。一般来说，处于这个层次的学习者只能认识到他国文化的表层现象和孤立现象，同时对于文化现象容易形成刻板印象。

持有旅游者心态的学习者容易将个别的文化现象当成普遍现象，并将表面现象看作是他国文化的本质。在这个层次的学习者容易对他国文化产生强烈的兴趣，同时也会产生很强的文化偏见。

2. 文化休克

处于文化休克层次的学习者缺乏对新文化的了解与适应，从而在跨文化交际中经常会出现文化误解和冲突的现象。

因此，很多学习者会受到文化休克的影响，交际过程中过于感情用事，逃避或者对抗新的文化，产生抗拒心理。

3. 理性分析与愿意适应

随着学习者和新的文化环境中的人交往增多，就会理性分析文化差异与冲突，并产生适应新文化的想法。这就是跨文化意识培养的第三个层次。

4. 主动了解和自觉适应

当学习者熟悉并且适应了新文化环境和交往对象时，就进入了主动了解和自觉适应的第四个层次。

在这个层次中，学习者会试图透过文化现象了解背后的文化内涵与文化特征，会有意识分析新文化中人们的生活习惯、交往规则和行事方法，并最终接受他国文化。

在这个阶段，学习者能够随着跨文化意识的提升做出必要的改变，从而适应新的文化。

（三）跨文化意识培养在教学中的体现

1. 母语文化与文化教学的关系

教师在教学过程中应该让学生了解并掌握具体的英美文化，并提升学生的英语文化思维。同时，教师还需要科学衡量母语文化和文化教学之间的关系，不能让学生盲目崇拜与模仿他国文化，从而抛弃本国文化。文化并没有高低之分，中西方文化是带有差异的文化。教师需要注意以下几个方面的问题，从而提升教学的有效性。

（1）在教授西方文化的过程中，教师应引导学生加强本族文化的学习。例如，中国人见面打招呼，经常会问"吃饭了吗？"分手时会说"慢走"等。如果把这种交际模式用在英语中，英美人士会感到很吃惊。英美人士打招呼通常是"Hello""Good morning"等。因此，"吃饭了吗"这一类在汉语是表示亲热、问候的客套话，在英美人听来就会觉得很困惑。所以，在英语教学中教师应该就汉语交际模式与英语交际模式存在的差异给予说明。

（2）在教授西方文化的过程中，教师也可以适当增加中国文化的语言材料，从而让西方文化和汉语文化进行融合。例如，在汉语中，我们往往可以用"老师、书记、经理、工程师"等表示职位的词与姓氏连用作称呼语，但是在英语中却不能这样用。我们可以说"张老师"，却不能说 teacher Zhang，而是要按照英语文化的习惯用"Mr.Zhang"或"Miss Zhang"等来表达。从培养学生的英语交际能力来看，英语教学不仅包括单纯的语言教学，还应扩大学生的视野，了解英语国家的文化和社会风俗习惯。

2. 语言教学与文化教学的关系

（1）在进行文化教学时，不可盲目地引入文化知识，要具有针对性和系统性，同时要遵循实践性和交际性的原则，不然就会达不到文化教学促进语言教学的目的。例如，在教授中英文化在话题选择方面的差异时,教师首先应向学习者说明两种文化在话题选择方面的差异,即英美人把家庭背景、婚姻状况、个人收入等个人情况视为个人隐私,在一般谈话中不应涉及,而中国人却经常谈论这些情况;然后,教师应该向学生解释这一差别是由英美的个人主义价值和中国的群体主义价值取向和取向之间的不同所造成的;接下来,教师就要创造条件,通过在课堂上创设交谈的情景或利用英语角,让学生获得练习话题的选择机会,以巩固他们对这方面知识的掌握,加深他们对所学知识的理解,从而提高学生运用这方面知识的能力,为以后真实的交际奠定基础。

(2)英语教学必须在基础语言教学中融入文化教学,即在开展语言知识教学与语言技能教学的同时引入文化因素的教学。例如,教师应该引导学生一见到"black tea"头脑中立刻就会想到这是中国人常喝的"红茶"。

上述跨文化意识培养在教学中的体现能够提高学生的专业素质,对于提升整体英语教学效果,增加教学的实用性和应用性也大有裨益。

三、更新教学理念

(一)调整教学目标

当今社会需要让学习者更加深刻地认识本族文化,同时还要提升人才的国际竞争力,提升人才的国际视野。从这个角度出发,英语教学目标应注重培养学生的跨文化意识与能力,具体涉及以下四个方面。

1.能力目标

能力目标是指听、说、读、写的能力以及运用英语进行交际的能力。

2.知识目标

知识目标主要包括语音、词汇、语法等方面的知识。

3.情感目标

情感目标是指培养学生尊重英语文化,并引导学生感受中国文化的独特性。

4.文化目标

文化目标是指提高学生的跨文化意识,更好地理解中西方文化的差异性。

例如,《新编实用英语综合教程1》Unit1 *Greeting and Introducing people* 的教学目标如下所示。

语言知识目标:

Greet people and give response: first meeting and meeting again

Exchange personal information: name/address/telephone number/job/study

Introduce people to each other

Meet people at the airport

Say goodbye to others

Say hello in different language

Write a business card

语言能力目标:

Etiquette of meeting and introducing people

Etiquette of exchanging business card

Basic sentence structures

情感目标:

培养学生团结合作、主动与他人交流、对西方文化的学习敢于提出自己的见解。

文化目标：

了解中西方在文化层面上的差异，能够用英语与他人展开简单、得体的交流。

（二）转变教学主体

传统英语教学中的教师是课堂的主宰，学生在学习过程中没有过多的思考与分析。这种教学方式挫伤了学生的学习积极性，同时所掌握的英语知识也并不牢固。长此以往，学生的语言应用能力便得不到提升。

因此，教师要真正以学生为主体安排教学活动，让学生居于文化教学和英语教学的中心地位。教师也要认识到自身角色的转变，更好地为学生的英语学习服务，做好教学的指导者。

在这种转变下，学生会认识到自身的重要性，从而转变学习态度，以更加积极的姿态进行英语学习。例如，淄博师范高等专科学校的英语口语教学利用线上线下混合式教学模式对教学主体的转变非常有效。利用线上线下混合教学模式指导下的智商 IQ、情商 EQ、社交商 SQ 三位一体、立体化的教学模式，将知识的认知（线下）—理解（线下）—分析（线上）—运用（线上教师引导、线下学生拓展）融为一体，将学生的认知能力与社交能力（情景模拟与活动组织结合）的提高并重。在此基础上优化英语口语考核方式，完善课程体系，更加客观地评测学生英语口语的应用能力和实践能力。

线上线下混合式教学模式构成了一条完整的学习链，分为线上和线下两个部分。教学平台式观看 MOOC 视频、论坛讨论、作业评价。学习每门课程都有充足的时间，学生和老师能够面对面交流，更深刻地理解消化所学内容。学分由线上和线下两个部分构成，学分分配为 2∶1，学时分配为 2∶1。每一周的教学分为线上自主学习 4 学时和课堂教学 2 学时构成，共 6 个学时。

由于这种教学模式具有"线上＋线下"的特点，老师也应该根据自身的优势分配教学任务，通过协商共同解决各种可能遇到的问题。本平台的教学分工非常明确,一名教师负责总体指导整个教学团队,其他教师则根据自身特点,负责自己所擅长的部分。主讲教师负责 MOOC 内容的设计及制作,熟练授课;小班责任老师负责管理小班,开展面对面讲授,主导本班讨论,做出课堂评价;在线答疑老师负责平台在线答疑,与学生互动交流,统计学生在线学习效果。

四、平衡教学关系

(一)教与学的关系

英语教学的过程包括教与学两个方面。教师应该平衡二者的关系,使二者相互促进、相互配合。

1. 能动关系

所谓能动关系,是指为了取得最优的教学效果,使教学关系默契配合,应充分调动学生学习文化知识的主动性和教师教学的积极性。

2. 教练关系

英语课程具有较强的实践性、知识性与应用性,这就要求教师应采取各种方式方法使学生在听、说、读、写、译等方面进行大量训练。因此,教师首先需要对教材进行了解和研究,并以此为基础组织和设计教学内容。

(二)课内外教学的关系

从教学实践角度来看,学生学习的课堂时间是有限的。此外,英美文化具有复杂与广泛的特征,因此安排学生借助课外时间进行自学就显得十分必要。

为增加学生的知识,教师可以利用课外时间组织学生开展多种形式的活动。例如,教师可以鼓励学生上网浏览查询有关英美文化知识,在课外有目的地阅读一些英文报刊。

（三）文化共性与差异的关系

作为文化一部分的不同语言之间具有一定的共性。正因为如此,不同的文化信息得以进行等值传递。所以,教师也应使文化教学服务于语言教学。

值得注意的是,文化共性并不能代表异性,教师要向学生讲解英汉文化之间的差异,并逐步培养学生对英汉文化差异的意识。

第十章 基于跨文化理论的英语教学改革与发展

《国家中长期教育改革发展规划纲要（2010—2020）》中明确提出"适应国家经济社会对外开放的要求，培养大批具有国际化视野、通晓国际规则、能够参与国际事务和国际竞争的国际化人才"。由此，英语教学从侧重于对语法、语音和词汇等基础语言知识的传授，向培养和提高学生跨文化交际能力的培养目标倾斜。改革传统英语教学模式，树立培养国际化人才的教学理念，培养和提高跨文化交际能力成为高校英语教学的改革潮流。具体表现为开展多元文化教育、中外教师合作教学、核心课程与选修课程分级提高语言技能与文化修养等。

随着"一带一路"倡议的推行和社会主义核心价值观和核心价值观体系建立和发展的需求，充分认识本国优秀传统文化，在英语教学中深化改革，将认知、认同目的语文化内涵，提高目的语文化修养落到实处迫在眉睫。在跨文化教学中，顺应"一带一路"的时代精神，传播社会主义核心价值观时，应该意识到整个社会对中国文化的科学认知和精准输出能力亟须提升的事实。相关专家、学者也从英语教学目标、教学方法与手段、教学内容及评价体系等多方面进行改革，消除中国文化认同危机，提高文化自觉，全方位提高中国文化的软实力。

自党的十八大以来，理论界围绕社会主义核心价值观进行了一系列研究，从内涵、意义、认同及践行路径等不同视角对社会主义核心价值观进行了深入论述，为进一步深化研究提供了宽广的思路和学理借鉴。例如，钟明华、黄荟在《社会主义核心价值观内涵解析》中提出社会主义核心价值观和社会主义核心价值体系两者在本质和外延上都是一致的。又如,沈壮海在《社会主义核心价值观研究的几点思考》中提出人心道德的治理和价值领域的治理等观念。

更有学者在"一带一路"背景下对中西方核心价值理论体系做比较,提出社会主义核心价值观视角下的"一带一路"建设。因此,在英语教学中,中国传统文化的教学与传播也逐渐引起社会各界的关注。进而开始了社会主义核心价值观和英语文化教育的融合研究与实践。例如,叶朗英等编写的《中国文化英语教程》抓住中国文化中的特色内容,用典型事例和材料介绍了涉及历史哲学、智慧与信仰、创造与交流、国民性格、宗教、建筑、艺术、民俗风情、日常生活等领域的,引导学生领悟中国文化的精髓,学会相应的英语表达,从而向世界展示中国的多彩文化和中国人的心灵世界与文化生活。再如,丁朝霞在其内蒙古自治区教育科学研究"十三五"规划课题《文化自信视域下大学英语教学与大学生价值观教育》中,从社会主义核心价值观的内涵和《大学英语课程教学要求》的培养目标出发,论述了大学英语文化教学对学生价值观教育的必要性和可操作性,探讨了以教学主题为线索的文化教学过程在培育和践行社会主义核心价值观的途径和方法。又如,蒋林平在其《本土文化对外传播英语翻译及其教学中的研究》中指出,我们应重视本土文化英语翻译教学在国际文化交流活动中的交际功能特征,从功能目的论视角对我国本土文化对外传播英语翻译及其教学内容和方法进行探讨,促进文化的健康发展。袁婷在其《高校英语教育中传统文化的传承与传播》中主张高校教育者将中国传统的儒家文化、节日文化、饮食文化等凸显中国传统文化特质的内容,从教育主体、教育内容、教育受众、教育媒介以及教育效果五方面因势利导,有效传承和传播中国传统文化,进而在网络时代彰显中国传统文化的当代价值。除了将中国文化引入高校英语课堂教学,在教学中导入跨文化交际的内容,在制订单元、章节教育教学目标时,除了明确教育点和语言点之外,还要明确应该而且能够渗透的文化点。在课程设置上增加通识教育,构建校园文化,这些都对学生文化软实力的培养起到积极作用。

本章将对基于跨文化理论的英语教学改革与发展进行详细探究。

第一节　基于跨文化理论的英语教学改革

一、教学理念的改革

用最具有显著传统文化的文字学解释社会主义核心价值观,并英译对外传播。首先是核心价值观文字学释义中音形意的变迁等语言文字知识讲解由浅入深、层层递进的问题;其次是如何将传统文化的精髓与时代精神的内涵相结合问题;最后是结合"一带一路"的发展创新问题。

在英语教学及活动中深化与核心价值观的融合度。首先是结合文化主题内容,重新设定符合国家特色和时代要求的语言文化教学大纲、教学计划、教学手段和教学评估标准、方法问题;其次是将具体的教学内容与民族文化发展、创新相结合问题;最后是在实践活动中巩固文化导入的效果、发展并输出文化问题。

将核心价值观与传统文化、英语文化、教育传播多元高度融合。首先,导入的语言语料拓展为班级、社团、校园和社会活动问题;其次,借助校园媒体、社会媒介等组织形式形成资源问题;最后,通过社会文化宣传平台、对外文化交流平台对外传播问题。

（一）教学目标的改革

教学目标是教学努力的方向,是教学有效开展的依据,具有指导性作用。改革开放促进了社会的发展和需求的增加,英语教学目标也随之不断进行调整和改变。1989年英语教学的目标是培养学生具有较强的阅读能力,使学生具备一定的听力能力,同时具备初步的写和说的能力,锻炼学生通过英语这门工具来获取相关信息,为英语水平的进一步提高奠定基础。到 1999 年,英语教学目标有所调整,具体是使学生具有较强的阅读能力,培养学生具备一定的听、说、写、译能力,进而使学生能够运用英语进行交流,同时促使学生掌握有效的学习方法,提高学生的文化素养,从而使学生能够适应社会发展的需要。到 2004 年,英语教学目标又做了进一步调整,具体是培养学生的英语综合能力,尤其是听说能力,使学生在今后的工作和社交中能用英语准确、有效地进行交际,同时培养学生的自主学习能力,提高学生的文化素养,使学生能够满足社会发展的需要。

全国大学英语四、六级考试委员会于 2013 年公布的《关于大学英语四、六级考试题型调整的说明》表明,由于国家经济文化发展的需要,以及社会整体英语水平的提高,文化的双向传输将成为英语教学的重要内容。王守仁认为,跨文化交际研究与英语教学的结合点应落在让学生了解作为不同体系的中西方文化,探究各自的思想基础和基本观念,通过对比分析,从深层次上认识文化思想差异,这样对培养高素质的英语人才才真正具有重要的意义。由此,英语教学又开创了双向跨文化交际。警惕文化霸权主义及中国文化缺失,在英语教学中培养学生跨文化交际能力的一个首要问题是要明确"文化"的内涵。英国人类学家泰勒将"文化"定义为:"包括全部的知识、信仰、艺术、道德、法律、风俗以及作为社会成员的人所掌握和接受的任何其他的才能和习惯的复合体。"由此,英语教学改革又出现了两个转向:从语言教学转向语言文化教学;从单一的目的语语言文化教学转向目的语和母语的语言文化双向传输教学。因此,如何在英语教学中完成双向传输,结合基础语言能力的培养和文化知识、文化语言能力的培养,提高语言能力和文化传输能力,成为英语教学研究与实践关注的热点。

各省市的教育者对英语文化教学中社会主义核心价值观的

融入问题也有相关研究,论证了英语语言知识层面爱国情感的培养,突出了外语教学中的传统文化理念渗透的重要性。但是,从文字学的角度解读24字核心价值观的研究和实践,以及将核心价值观的文字学意义翻译成英语文字的研究和实践并未落到实处。

（二）教学主体的改革

在陈旧教学思想的影响下,传统的英语教学中教师一直占据着中心位置,扮演着演员的角色,学生则处于被动接受的地位,扮演着观众的角色,学生不需要进行太多的思考、分析、判断和总结,这些均由教师代劳,他们只需要全神贯注地听、记笔记即可。这种状态下的教学是机械的背诵和记忆的过程,学习也是静止的。这种以教师为中心的教学,不仅挫伤了学生学习的积极性,无法使学生在课堂上保持一个很好的精神状态,而且还会使学生逐渐养成对教师依赖的不良习惯,不能积极地进行自主学习,进而使学生丧失进行语言实践的机会,最终也只能使学生学到"哑巴英语"。

随着英语教学的不断改革,现代的英语教学思想逐渐发生转变,从以教师为教学的主体向以学生为教学的主体转变。在这种转变下,教师不再扮演演员的角色,而是改为扮演导演的角色,主要组织、引导和指导学生的学习;学生成为教学活动的主体,是教学活动的出发点,位于教学活动的中心地位。夏纪梅先生在对《当代大学英语》的评论中指出,教师、学生、教材以及教学活动这四个要素组成了整个语言课堂,这四个要素也组成了一个舞台,在这个舞台上,教师扮演着导演的角色,学生扮演着演员的角色,教材是剧本,教学活动是演出,如果导演不能准确理解剧作,必然会对学生产生错误的指导,如果演员演绎不当,演出也必然会以失败告终。由此也可以看出学生在教学中的重要性。

在新的教学观念的指导下,教师不仅要教授学生基本的学习语言的规律和方法,还要引导和启发学生积极地思考,培养学生主动获取知识的能力和自主学习能力。教师应将学习的主动权交给学生,切实围绕学生开展教学。例如,淄博师范高等专科学校的英语口语教学通过线上导入、线下输出,将书本知识转化为实践内容,将学生变为使用知识、检验知识的主人。并且通过主题讨论、校园文化活动、社会宣传等途径,引导学生在实践体验中将语言文化中的国家价值观和民族文化特色得以传承和发展。

在以学生为中心的教学理念下,"学教并重"和"主导—主体"教学模式被提出,并受到人们的重视。"学教并重"是指重视教师的教,也重视学生的学,就是在教师教的基础上,以学生为中心,培养学生的综合语言能力。在教学过程中重视学生的主体地位固然重要,但也不能忽视教师的引导作用,只有在教师的有效引导下,学生的自主学习能力才有可能提高。"主导—主体"中的"主导"指的是教师的主导作用,"主体"指的是学生的认知主体作用,该教学模式强调教学中既要发挥教师的主导作用,又要体现学生的认知主体作用。

二、教学方法的改革

(一)综合运用多种教学方法,创新启发学生思维

不可否认,学生更容易被生动活泼的课堂教学所吸引,在这样的课堂氛围中,学生更容易全身心地投入学习。对此,教师应根据具体的教学目标、教学内容以及学生的需求,综合运用不同的教学方法,以激发学生积极思考,提高学生的学习效率。例如,淄博师范高等专科学校借助线上线下混合教学模式,根据学生的兴趣所长,结合线上音视频、手机 APP 资源和线下多功能 VR 教室,极大提高了学生的学习积极性、主动性。

例如,将社会主义核心价值观从文字学角度进行中英文释义,讲解从古文到现代汉字音、形、意的发展演变,再到文字内涵的传承与发展,展现从古至今人们政治、经济、军事、文化等方面

的变迁,创新诠释中国传统文化理念与时代精神的融合。

再如,教学中与 24 字主题内容等相结合,在中西文化对比诠释中展现民族文化的魅力,激发学生发现、探究凸显中华传统美德和时代精神的文化内容,并付诸实践活动,如富强、民主、文明、和谐的主题从家乡经济的繁荣、以人为本的社会生活、文明礼仪的践行以及邻里关系的和谐等话题导入和输出语言语料;自由、平等、公正、法治的主题可以由义务教育的实施、国家重大节假日的设立、公民权利与义务的落实、社会热点问题的聚焦等话题导入或输出语言语料;爱国、敬业、诚信、友善的主题可以由建国大业的丰功伟绩、代表工匠精神的名人轶事、传统美德典故以及现当代模范人物等方面导入语言语料并拓展为班级、社团和校园活动,借助校园媒体通过表演、辩论、比赛、调查宣传等组织形式形成考核报告、图片新闻或视频资料,以及社会文化宣传平台,建设校园文化,进行相应表彰鼓励。

（二）线上预习，线下提问，有效调动学生积极性

英语课具有很强的实践性,如果缺乏语言实践,是不可能掌握英语这门语言的,也不可能运用语言灵活地进行交际。而课堂提问这一教学方式不仅可以促使学生积极参与课堂教学,活跃课堂气氛,还能为学生提供语言实践的机会,使学生有效锻炼自己的英语能力。因此,教师在课堂教学中要善用这一手段,同时注意以下几个方面的问题。

（1）了解学生的语言基础。

（2）采用启发式教学方法。

（3）正确对待学生的错误。

第二节 基于跨文化理论的英语教学发展

一、注重多媒体教学

随着信息技术的快速发展,多媒体技术开始运用于英语教学中,并受到教师的广泛重视。多媒体集声音、动画、图像于一体,可以实现教学资源、教学过程、教学效果的优化,能够创造真实的教学环境,可有效增强教学的直观性和形象性,进而可以让学生切实感受地道的英语语言和文化。在具体教学中过程中,教师应做到以下几点。

（一）利用多媒体创造学生运用语言的情景

英语教学的主要目的在于培养学生的英语运用能力,这就需要通过大量的实践来实现。最好的实践方法是将学生置于真实的语言环境中练习和使用英语,但我国学生是在汉语环境下学习英语,缺乏真实的语言环境,这必然会对学生的英语学习产生影响。而多媒体技术可以设计与教学内容相关的、图文并茂的、生动活泼的情景,使学生可以在真实的语言环境中学习英语,可促使学生的英语运用能力得到有效的提高。

（二）突出学生的学习主体地位

学生是学习的主体,所以教师在教学中有必要充分发挥学生的能动性。多媒体技术的应用为调动学生的学习积极性,发挥他们的主体作用提供了条件。通过多媒体,学生可以进行虚拟课堂讨论,可以进行角色扮演,还可以开展游戏等,在此过程中学生会积极地参与学习。此外,学生还可以通过浩瀚的网络资源来查找、核实英语阅读材料,可以专项训练听力能力,还可以与外国人进行交谈等。这些都能够激发学生的积极性，突出学生的主体地位。

（三）营造文化氛围

众所周知，语言的使用是不能脱离一定的社会背景的。建构主义认为，人是知识的建构者和积极探索者，知识的建构需要人与环境的交互。创设情境是建构意义的必然前提，尤其是真实情境的创建。教师应该创设信息丰富的环境，为学生提供更为真实的语言情境和语言信息输入，使学生能够真实、自然地学习语言。多媒体技术的发展为建构主义学习理论的推行和实施创设了良好的环境。

多媒体有着信息容量大、传输量大和效率高的特点，所以在教学中运用多媒体技术能够使信息展示更具模态化，能在单位的时间内为学生提供更高容量的学习资源。这不仅是英语文化输入的重要途径，而且学生可以置身于真实的情境中，能够亲身体验英语文化，增强对英语文化的认识和理解，这对丰富学生的文化知识、提高学生的文化素养十分有力。例如，结合英语课堂教学主题内容，重新设定符合国家特色和时代要求的语言文化教学大纲、教学计划、教学手段和教学评估标准、方法。再如，通过文化培训音视频资源，如英语教学文化手册，作为师范生跨文化教学的职业技能考核内容；如老百姓生活中的文化，从百姓关注的节假日、衣食住行等各个方面解读核心价值观在社会生活中的缩影，弘扬、传播民族文化。又如，与社会企业、组织联合发行与文本配套的手机 APP、微电影等互联网宣传资源，如乡村文化小火车、社区活动文化手册、节假日文化活动加油站等，将 24 字文字学体现的政治文化、传统文化和特色文化根植于日常生活中。

二、倡导探究式学习

倡导探究式学习是当代英语教学的一个显著发展趋势。探究式学习又称"探究性学习"和"研究性学习"，是指从学科领域或现实生活中选择和确立主题,在教学中创设类似于学术研究的情境,学生通过独立自主地发现问题、实验、操作、调查、收集与处理信息、表达与交流等探索活动,获得知识,培养能力,发展情感与态度,特别是发展探索精神与创新能力。它是一种积极的学习过程,强调学生的主动参与。在具体的教学中,教师可通过以下形式来培养学生的探究学习能力。

(1)经常鼓励和激励学生,培养学生发现问题的能力。在教学中,教师可以通过合作、讨论等不同的方式来鼓励、诱引学生仔细观察和思考问题,使学生从中体会学习英语的趣味性,激发学生学习的积极性,进而实现对学生语言综合能力培养的目的。

(2)激发、引导学生探索知识的欲望。青少年有着乐于探索和不断自我完善的天性,因此教师在教学中要适时引导学生,激发学生的好奇心,使学生在轻松自在的学习氛围中学到知识,进而培养学生不断探究和创新的意识。

(3)创设亲近生活的情景,激活探究思维。在学习新的知识点时,教师需创设认知需要情境,将学生的思维引到新的学习背景当中,让他们感觉到学习是解决新问题的需要,进而使学生形成探究的意识,激活探究的思维。

(4)增强学科间的联系,帮助学生形成完整的知识结构。在英语教学中,教师应加强不同学科的联系,进而培养学生科际整合的能力。

参考文献

[1]L.A.怀特．文化的科学(中译本)[M].济南：山东人民出版社,1988.

[2]本尼迪克著,何锡章、黄欢译．文化模式[M].北京：华夏出版社,1987.

[3]毕继万．跨文化交际与第二语言教学[M].北京：北京语言大学出版社,2009.

[4]陈俊森,樊葳葳,钟华．跨文化交际与外语教学[M].武汉：华中科技大学出版社,2006.

[5]崔刚,孔宪遂．英语教学十六讲[M].北京：清华大学出版社,2009.

[6]邓志伟．个性化教学论[M].上海：上海教育出版社,2002.

[7]杜秀莲．大学英语教学改革新问题新策略[M].济南：山东大学出版社,2011.

[8]冯莉．大学英语语法教学理论与实践[M].长春：吉林出版集团有限责任公司,2009.

[9]高华丽．翻译教学研究：理论与实践[M].杭州：浙江大学出版社,2008.

[10]何高大．现代教育技术与现代外语教学[M].南宁：广西教育出版社,2002.

[11]何广铿．英语教学法教程：理论与实践[M].广州：暨南大学出版社,2011.

[12]何少庆．英语教学策略理论与实践运用[M].杭州：浙江

大学出版社,2010.

[13] 胡春洞.英语教学法 [M].北京:高等教育出版社,1990.

[14] 胡泓.外语素质培养概论 [M].武汉:湖北教育出版社,2000.

[15] 胡文仲.跨文化交际学概论 [M].北京:外语教学与研究出版社,1999.

[16] 胡文仲.英语的教与学 [M].北京:外语教学与研究出版社,1998.

[17] 黄龙.翻译学 [M].南京:江苏教育出版社,1987.

[18] 霍华德·加德纳著,沈致隆译.多元智能新视野 [M].北京:中国人民大学出版社,2008.

[19] 贾岩,张艳臣,史蕊.跨文化翻译教学中本土化身份重构策略研究 [M].北京:清华大学出版社,2014.

[20] 李庭芗.英语教学法 [M].北京:高等教育出版社,1983.

[21] 李学爱.跨文化交流:中西方交往的习俗和语言 [M].天津:天津大学出版社,2007.

[22] 李正栓,郝惠珍.中国语境下英语教师教育与发展研究 [M].保定:河北大学出版社,2009.

[23] 连淑能.英汉对比研究(增订本)[M].北京:高等教育出版社,2010.

[24] 林立,王之江.自主学习在英语教学中的应用 [M].北京:首都师范大学出版社,2005.

[25] 林新事.英语课程与教学研究 [M].杭州:浙江大学出版社,2008.

[26] 刘润清,韩宝成.语言测试和它的方法(第 2 版)[M].北京:外语教学与研究出版社,1991.

[27] 刘悦.纳西东巴文异体字关系论 [M].合肥:安徽文艺出版社,2011.

[28] 鲁子问.英语教学论(第 2 版)[M].上海:华东师范大学出版社,2009.

[29] 马广惠.英语词汇教学与研究 [M].北京：外语教学与研究出版社,2016.

[30] 任庆梅.英语听力教学 [M].北京：外语教学与研究出版社,2011.

[31] 沈银珍.多元文化与当代英语教学 [M].杭州：浙江大学出版社,2006.

[32] 束定芳,庄智象.现代外语教学：理论、实践与方法（修订本）[M].上海：上海外语教育出版社,2008.

[33] 宋洁,康燕.英语阅读教学法 [M].北京：首都师范大学出版社,2014.

[34] 汪德华.中国与英美国家习俗文化比较 [M].杭州：浙江大学出版社,2011.

[35] 王恩科,李昕,奉霞.文化视角与翻译实践 [M].北京：国防工业出版社,2007.

[36] 王芬.高职高专英语词汇教学研究 [M].上海：上海交通大学出版社,2012.

[37] 王琦.信息技术环境下的外语教学研究 [M].北京：中国社会科学出版社,2006.

[38] 吴为善,严慧仙.跨文化交际概论 [M].北京：商务印书馆,2009.

[39] 吴永军.新课程学习方式 [M].南京：南京师范大学出版社,2005.

[40] 武锐.翻译理论探索 [M].南京：东南大学出版社,2010.

[41] 吴泽霖.人类学词典 [M].上海：上海辞书出版社,1991.

[42] 武尊民.英语测试的理论与实践 [M].北京：外语教学与研究出版社,2002.

[43] 徐锦芬.大学外语自主学习理论与实践 [M].北京：中国社会科学出版社,2007.

[44] 许智坚.多媒体外语教学理论与方法 [M].厦门：厦门大学出版社,2010.

[45] 闫文培 . 全球化语境下的中西文化及语言对比 [M]. 北京：科学出版社,2007.

[46] 严明 . 大学英语翻译教学理论与实践 [M]. 长春：吉林出版集团有限责任公司,2009.

[47] 严明 . 跨文化交际理论研究 [M]. 哈尔滨：黑龙江大学出版社,2009.

[48] 姚敏 . 英语教学法 [M]. 北京：中国文联出版社,1999.

[49] 叶朗英,等 . 中国文化英语教程 [M]. 北京：外语教学与研究出版社,2010.

[50] 殷勤 . 现代外语教学法 [M]. 北京：中央编译出版社,2009.

[51] 尹刚,陈静波 . 给英语教师的 101 条建议 [M]. 南京：南京师范大学出版社,2004.

[52] 于永昌,刘宇,王冠乔 . 大数据时代的教育 [M]. 北京：北京师范大学出版社,2015.

[53] 张岱年,程宜山 . 中国文化论争 [M]. 北京：中国人民大学出版社,2006.

[54] 张德禄 . 第二语言习得与中国外语教学 [M]. 上海：上海外语教育出版社,2007.

[55] 张德禄 . 功能语言学与外语教学 [M]. 北京：外语教学与研究出版社,2005.

[56] 张公瑾,丁石庆 . 文化语言学教程 [M]. 北京：高等教育出版社,2004.

[57] 张红玲 . 跨文化外语教学 [M]. 上海：上海外语教育出版社,2007.

[58] 张培基 . 英汉翻译教程(修订本)[M]. 上海：上海外语教育出版社,2009.

[59] 张庆宗 . 外语学与教的心理学原理 [M]. 北京：外语教学与研究出版社,2010.

[60] 张全 . 全球化语境下的跨文化翻译研究 [M]. 昆明：云南

大学出版社,2010.

[61] 张鑫.英语教学的理论与实践 [M].北京:知识产权出版社,2012.

[62] 周荣辉.英语阅读策略与技巧 [M].成都:西南交通大学出版社,2009.

[63] 庄智象.我国翻译专业建设:问题与对策 [M].上海:上海外语教育出版社,2007.

[64] 左焕琪.英语课堂教学的新发展 [M].上海:华东师范大学出版社,2007.

[65] 任士海.影响大学英语个性化教学的因素及对策研究——以延边大学大学英语教学为例 [D].延吉:延边大学,2006.

[66] 陈佼立.文化差异在英语词汇教学中的重要性 [J].现代企业教育,2009,(22).

[67] 付云.中西文化差异对英语教学的影响(下)[J].成功(教育),2012,(24).

[68] 龚奶芳.英美风俗习惯在英语习语中的表现 [J].太原城市职业技术学院学报,2011,(8).

[69] 郭向辉.高职英语教学内容改革的探索 [J].济源职业技术学院学报,2003,(3).

[70] 郝璐璐.东西方文化差异在交际语言中的表现 [J].中外企业家,2014,(15).

[71] 贺显斌.语言与文化关系的多视角研究 [J].西安外国语学院学报,2002,(3).

[72] 胡合元.英汉思维模式差异与英语篇章阅读教学的关联 [J].教学与管理,2008,(27).

[73] 黄大勇,杨炳钧.语言测试反拨效应研究概述 [J].外语教学与研究,2002,(4).

[74] 黄献萍.谈语言交际过程中的中西文化差异 [J].科技信息,2007,(12).

[75] 况新华,曾剑平.语言与文化的关系述要 [J].南昌航空

工业学院学报,1999,(1).

[76] 李炯英.外语学习焦虑的心理学和神经生物学分析[J].天津外国语学院学报,2004,(4).

[77] 李淼.网络环境下高职英语线上线下混合式教学实践研究[J].湖北函授大学学报,2018,(15).

[78] 刘静波.外语教学中的文化测试问题[J].时代文学(下半月),2008,(5).

[79] 刘悦.早期文字造字方法比较研究[J].现代语文,2008,(9).

[80] 罗宏,张昭苑.大学英语的情感教学[J].天津市经理学院学报,2010,(4).

[81] 罗益群.外语教学中跨文化交际意识的培养[J].浙江师范大学学报(社会科学版),2005,(3).

[82] 牛宝艳.英语口语教学中折射出的中西文化差异及启示[J].中国教育技术装备,2009,(8).

[83] 戚雨村.语言·文化·对比[J].外语研究,1992,(2).

[84] 尚秀叶.注重外语教学中跨文化意识的培养[J].山西经济管理干部学院学报,2005,(3).

[85] 沈壮海.社会主义核心价值观研究的几点思考[J].学校党建与思想教育,2015,(9).

[86] 孙秀芝.英语教学中的跨文化意识的培养[J].佳木斯大学社会科学学报,2005,(2).

[87] 滕星.教学评价若干理论问题探究[J].民族教育研究,1991,(2).

[88] 王红梅,谢之君.创造相似性的隐喻·文化·教学[J].湖南农业大学学报,2004,(5).

[89] 王正胜,王正良.英语课外学习活动研究[J].外语艺术教育研究,2009,(3).

[90] 吴金娥.浅析大学英语情感教学[J].河北大学成人教育学院学报,2011,(2).

[91] 杨培沛.论大学英语情感教学 [J].鄂州大学学报，2010,（1）.

[92] 杨新焕.中西文化差异视野下的英语语法教学 [J].长治学院学报,2011,（12）.

[93] 易雅琴.英语口语教学"文化植入"的初探与应用 [J].海外英语,2014,（2）.

[94] 袁婷.高校英语教育中传统文化的传承与传播 [J].当代教育科学,2015,（9）.

[95] 张忠魁.电影配音在口语教学中的尝试 [J].上海工程技术大学教育研究,2012,（2）.

[96] 钟明华,黄荟.社会主义核心价值观内涵解析 [J].山东社会科学,2009,（12）.

[97]Edwin Gentzler. *Contemporary Translation Theories*[M]. London：Routledge Inc.,1993.

[98]Horwitz, E. K., Horwitz, M. B. & Cope, J. Foreign language classroom anxiety[J]. *The Modern Language Journal*, 1986,（70）.

[99]Rost, M. *Teaching and Researching Listening*[M]. Harlow：Longman,2002.

[100]Schmitt, N. *An Introduction to Applied Linguistic*[M]. Beijing：The world book publishing company,2008.

[101]Spielberger, C. D., Gorsuch, R. L. & Lushene, R. E. *Manual for the state-trait anxiety inventory*[M]. California：Consulting Psychologists Press,1983.